对外汉语短期强化系列教材

A series of Chinese textbooks for short-term intensive training programs for foreigners

SHORT-TERM READING CHINESE

第二版
2nd Edition

汉语阅读速成

基础篇
Elementary

郑蕊■编著

北京语言大学出版社
BEIJING LANGUAGE AND CULTURE
UNIVERSITY PRESS

图书在版编目（CIP）数据

汉语阅读速成．基础篇／郑蕊编著．—2 版．—北
京：北京语言大学出版社，2011.4
（对外汉语短期强化系列教材）
ISBN 978－7－5619－3004－5

Ⅰ．①汉…　Ⅱ．①郑…　Ⅲ．①汉语－阅读教学－对外
汉语教学－教材　Ⅳ．①H195.4

中国版本图书馆 CIP 数据核字（2011）第 064425 号

书　　名：汉语阅读速成·基础篇　第二版
责任印制：汪学发

出版发行：北京语言大学出版社
社　　址：北京市海淀区学院路 15 号　　　邮政编码：100083
网　　址：www. blcup. com
电　　话：发行部　82303650/3591/3651
　　　　　编辑部　82303647/3592
　　　　　读者服务部　82303653/3908
　　　　　网上订购电话　82303668
　　　　　客户服务信箱　service@ blcup. net
印　　刷：北京联兴盛业印刷股份有限公司
经　　销：全国新华书店

版　　次：2011 年 5 月第 2 版　2011 年 5 月第 1 次印刷
开　　本：787 毫米×1092 毫米　1/16　印张：8.75
字　　数：131 千字
书　　号：ISBN 978－7－5619－3004－5/H·11043
定　　价：22.00 元

修订说明

　　作为"对外汉语短期强化系列教材"的组成部分，《汉语阅读速成》系列教材自 2002 年出版以来，以其系统、明快的形式和注重课堂教学实效的内容，受到海内外汉语教学界的普遍欢迎，被北京语言大学汉语速成学院以及国内外其他院校和自学者广泛采用。2002 年出版的《汉语阅读速成》共 4 册，包括《基础篇》、《提高篇》、《中级篇》和《高级篇》，2004 年又补充编写了《入门篇》，从而形成了《汉语阅读速成》从初级到高级共 5 册的阶梯式系列教材。

　　《汉语阅读速成》系列教材出版八年来，中国的社会状况有了很大的变化，新闻媒体和公众关注的热点问题在不断更新，需要以一些新的内容和词汇来替代教材中已经过时的、旧的内容和词汇，以增强教材的时效性和教学的实用性。在教材使用过程中，我们也发现，在课文、注释和练习等环节有某些不妥之处。因此我们对教材进行了认真的修订。这次修订保持了 2002 年版的整体框架和基本特色，同时力求使修订后的教材能适应汉语国际推广的形势，在更高的水准上满足海内外从事汉语教学（尤其是短期强化教学）的教师和学习者的需要。

编　者
2010 年 12 月

前　言

　　本教材是《汉语阅读速成》系列教材的基础篇，是整套教材的第二个台阶。

　　《汉语阅读速成》是一套供短期进修和速成课程使用的，以提高汉语阅读技能为目的的阶梯式、组合式系列教材，同时也是《汉语口语速成》系列和《汉语听力速成》系列（北京语言大学出版社出版）的配套教材。全套教材共分5册——《入门篇》、《基础篇》、《提高篇》、《中级篇》和《高级篇》，教材难度相当于汉语水平等级的2~5级。每册教材设12课，供暑期进修班或6~10周的短期班使用。

　　所谓阶梯式是指各分册具有较明显的等级特征，词汇和语言点都参照相应的汉语等级标准。所谓组合式是指各分册可组合起来，供学习时间较长的进修生使用。比如，将第一二分册、第二三分册、第三四分册或第四五分册两两相组合，可分别供半年制（即一个学期）相应等级的教学班使用。全套五个分册构成一个相对完整的系统，力求在对学生阅读技能的培养和提高方面有所突破。

　　本套教材的编写根据短期生的特点，以增强学生对汉语篇章和段落的阅读理解能力为主，细读和快读结合，并在练习编写中将中高级HSK阅读部分的典型题型融合其中；在较短的学习时间内使学生接触尽可能多的汉语书面语的典型篇章，熟悉其中常用词语和句式的用法，引导学生学会运用与提高阅读效率有关的阅读策略（如预测、选择、推断等），以增强阅读理解能力。教材所选课文不仅题材广泛、风格多样，而且对当代中国社会生活各方面的话题、热点问题有较广泛的覆盖，有助于学生熟悉和掌握与语言学习相关的社会文化背景知识。

　　《汉语阅读速成》各册的基本编写体例如下：

　　每课基本都由细读部分和快读部分构成，两个部分各包含生词、注释、课文和练习等内容。

　　生词部分放在课文之前，便于学生课前进行预习，同时也是为了强调学生对生词的预习。生词部分前三册包括词表、拼音、词性和英文翻译，后两册包括词表、拼音、词性和中文解释。考虑到各册相对独立的特点，各册所出生词有一定数量的重复。

注释部分主要涉及典型书面语句式、重要词语用法、词语搭配和社会文化背景知识。

为适应相应的等级标准，本套教材第二版的课文大都作了一些改动，但除了《入门篇》之外，其他各册的课文一般不作过多的改写，允许一定程度的越级现象存在，使课文尽可能体现汉语书面语的典型面貌。中级阶段的课文短小精练，高级阶段的课文也不是太长，能集中体现和展示汉语文体的特点。每一分册的课文都对相应等级的词汇和语言点有较大比例的涵盖。无论是细读部分还是快读部分，本套教材的课文都标明了字数，并参照相应等级的阅读要求规定了阅读时间，每篇课文的答题时间是根据所给练习的量和难度而定的。《基础篇》每课后的补充课文，是针对短期生汉语水平差异较大的复杂情况而设定的，教师可以根据学生的具体情况灵活取舍。

练习部分体现阅读课的教学方式。练习一般紧紧围绕课文进行，突出对内容的理解，也可通过练习对重要书面语句式、词语的用法进行展示和强化，便于学生掌握。练习形式力求灵活多样，部分练习形式模仿 HSK 中高级阅读部分的典型题型。

每册教材编出一份生词表，标出每个生词的拼音、词性及所在课的课数，以备查阅。每册教材最后附有部分练习参考答案，便于学生自行进行阅读训练。

我们对任课教师提出如下教学建议：

每课教学时间为 4 学时。前 2 学时用于细读部分的练习，对课文中重要句式、词语的讲练及对妨碍理解的难点的讲解；后 2 学时用于快读部分的练习，对课文难点的讲解。

为了突出阅读课的课型特点，提高课堂阅读练习的实效，课前只要求学生预习生词，不必预习课文，练习也都在课堂上的规定时间内完成，但要求学生课后进行认真复习。

鉴于短期留学生的复杂情况，教师在使用本套教材时可以有一定的灵活性，可根据学生的具体情况对做细读或快读练习的时间进行相应的调整。

编　者

目　录
Contents

细读部分

生　词

1.	值钱	zhíqián	（形）	of great value
2.	调查	diàochá	（动）	investigate
3.	消费	xiāofèi	（名）	consumption
4.	结论	jiélùn	（名）	conclusion
5.	统计	tǒngjì	（名）	statistics
6.	显示	xiǎnshì	（动）	show
7.	货币	huòbì	（名）	money, currency
8.	购买力	gòumǎilì	（名）	purchasing power
9.	居民	jūmín	（名）	resident, inhabitant
10.	相对	xiāngduì	（形）	relatively, comparatively
11.	差距	chājù	（名）	difference

注　释

1 仅次于　only second to

只比……低，只比……差。如课文中的句子：

上海是仅次于广州的物价较高的城市。

2 其 his, her, their, its; him, her, them, it

代词：他（她、它）的；他（她、它）们的；他（她、它）；他（她、它）们。

3 等同于 equal to

和……相等，和……相同。如课文中的句子：

各城市居民的实际收入不能等同于货币收入。

4 居……之首 rank first

在……方面处于第一位。

课　文

哪儿的钱最"值钱"？

字数：516 字　　　阅读时间：6 分钟　　　答题时间：12 分钟

在上海花 100 元才能买到的东西，在北京只需花 84.1 元，而在广州却要 119.5 元。这是上海城市社会经济调查组在对全国九大城市实际消费价格水平进行比较后得出的结论。

统计显示，广州是九大城市中物价最高的城市，它的货币购买力明显不如其他城市。在广州 100 元的生活消费，在上海仅需 84 元就能实现，在哈尔滨仅需 64 元。上海是仅次于广州的物价较高的城市。在上海 100 元所能实现的居民生活消费，在哈尔滨只需 76 元。

北京、天津、武汉、成都和西安五个城市是物价水平中等城市，这些城市只需花 70~75 元就能实现广州 100 元的生活消费，花 84~90 元就能实现上海 100 元的生活消费。物价水平最低的是沈阳和哈尔滨，其货币购买力明显高于其他七个城市。在沈阳 100 元所能实现的消费，在广州得 148 元，在上海得 124 元；在哈尔滨 100

元所能实现的消费,在广州需157元,在上海需131元。

　　由于不同城市的价格水平不一样,因此各城市居民的实际收入不能等同于货币收入。北京的价格水平相对较低,因此北京居民的实际收入居九大城市之首。同样,由于广州价格水平较高,因此上海居民与广州居民之间的实际收入差距不到10%,并不像人们一直认为的那样,有20%以上的差距。

(选自《读者》,解文文,有改动)

练 习

1. 根据课文内容选择正确答案:

　　(1) 中国九大城市中物价水平最低的是:

　　　　A. 北京　　　　B. 西安　　　　C. 沈阳、哈尔滨　　　　D. 成都

　　(2) 上海和广州两地居民的实际收入差距是:

　　　　A. 10%　　　　B. 20%　　　　C. 20%以上　　　　D. 10%以下

　　(3) 这九大城市中,哪个城市居民的实际收入最高?

　　　　A. 广州　　　　B. 上海　　　　C. 沈阳和哈尔滨　　　　D. 北京

　　(4) 为什么说居民的实际收入不能等同于货币收入?

　　　　A. 各城市物价不同　　　　　　B. 各城市的物价变化不定

　　　　C. 各城市收入相差太大　　　　D. 各城市消费观念不同

　　(5) 在广州100元的生活消费在北京大概需要多少钱?

　　　　A. 84.1元　　　　B. 70多元　　　　C. 84~90元　　　　D. 119.5元

　　(6) 为什么说北京居民的实际收入水平居九大城市之首?

　　　　A. 北京人挣钱最多　　　　　　B. 北京东西比较便宜

　　　　C. 北京货币收入较少　　　　　D. 北京人消费较少

2. 选择对下列句子的正确理解：

(1) 广州……，它的货币购买力明显不如其他城市。
    A. 广州人花钱最少   B. 广州的钱最不值钱
    C. 广州人最能花钱   D. 广州人挣钱最少

(2) 北京、天津、武汉、成都和西安五个城市是物价水平中等城市。
    A. 这五个城市都是中等城市
    B. 这五个城市东西不太贵
    C. 这五个城市价格合理
    D. 这五个城市居民收入中等

(3) 物价水平最低的是沈阳和哈尔滨，其货币购买力明显高于其他七个城市。
    A. 这两个城市居民收入最高
    B. 这两个城市的居民喜欢花钱
    C. 这两个城市的钱最值钱
    D. 这两个城市居民收入最低

(4) 北京的价格水平相对较低，因此北京居民的实际收入居九大城市之首。
    A. 北京人挣钱最多
    B. 北京的钱最值钱
    C. 北京人的收入排在第一位
    D. 如果考虑物价因素，那么北京居民的收入名列第一

3. 选择最接近下列画线词语意思的解释：

(1) 在北京只需花 84.1 元，<u>而</u>在广州却要 119.5 元。
    A. 不过   B. 而且   C. 因而   D. 而是

(2) 它的<u>货币</u>购买力明显不如其他城市。
    A. 价格   B. 钱   C. 价钱   D. 货物

（3）在哈尔滨<u>仅</u>需 76 元。

    A. 只   B. 不仅   C. 只是   D. 不只

（4）<u>其</u>货币购买力明显高于其他七个城市。

    A. 其中   B. 它们的   C. 它的   D. 其他的

（5）在沈阳 100 元所能实现的消费，在广州<u>得</u> 148 元。

    A. 需要   B. 应该   C. 必须   D. 可能

（6）<u>由于</u>不同城市的价格水平不一样……

    A. 因为   B. 因而   C. 因此   D. 于是

（7）因此各城市居民的实际收入不能<u>等同于</u>货币收入。

    A. 等一等   B. 和……一起 C. 和……相等 D. 共同的

快读部分

生 词

1.	博物馆	bówùguǎn	（名）	museum
2.	拥有	yōngyǒu	（动）	possess, have, own
3.	收藏	shōucáng	（动、名）	collect and store up; collection
4.	文物	wénwù	（名）	cultural relic
5.	问世	wènshì	（动）	come out
6.	投资	tóuzī	（动、名）	invest; investment
7.	团体	tuántǐ	（名）	organization, group

5

8.	开办	kāibàn	（动）	start or run, set up
9.	行列	hángliè	（名）	rank
10.	公民	gōngmín	（名）	citizen
11.	申请	shēnqǐng	（动、名）	apply for; application
12.	专题	zhuāntí	（名）	special subject, special topic
13.	单纯	dānchún	（形）	pure, mere
14.	扩展	kuòzhǎn	（动）	expand, spread
15.	科技	kējì	（名）	（abbreviation for 科学技术） science and technology
16.	宗教	zōngjiào	（名）	religion
17.	当场	dāngchǎng	（名）	on the spot, then and there
18.	设施	shèshī	（名）	installation, facilities
19.	人情味儿	rénqíngwèir	（名）	human kindness

注　释

1　余　more than, over

大数或度量单位等后面的零头。如：

五百余元　一百余座博物馆

2　型　type, model

类型。如：

大型商场　新型汽车　专题型博物馆

3　风土民俗　local conditions and customs

一个地方特有的自然环境和民间的风俗习惯。

课 文

京城博物馆

字数：492 字　　阅读时间：2.5 分钟　　答题时间：6 分钟

北京的博物馆越来越多。新中国成立时，北京这座古都只有两家供市民参观的博物馆。上个世纪 70 年代，北京正式开放的博物馆仅 14 家。到了 80 年代，北京每年有三四家新博物馆出现；进入 90 年代，每年都有六七家博物馆问世。21 世纪初，北京拥有百余家博物馆，共收藏文物、艺术品 226 万件。目前，北京共有各类博物馆 150 余家，数量和种类仅次于英国伦敦，名列世界第二。

社会投资的博物馆越来越多。一些大企业、社会团体、收藏爱好者也都加入到开办博物馆的行列中来。还有一些公民个人提出开办博物馆的申请，已获批准的先后有 20 余家。这些依靠个人兴趣和社会投资建立起来的博物馆，以其各自独特的文化韵味吸引着人们的目光。

从京城现有的博物馆来看，大型馆少了，中小型博物馆多了；综合馆少了，专题型博物馆（比如古钟博物馆）多了。据市文物局介绍，目前的京城博物馆，已从建国初期单纯的历史类逐步扩展为各种专题类、科技自然类、宗教民族类、风土民俗类、文化艺术类等十多种。与百姓生活密切相关的博物馆也多起来了。不少博物馆允许参观者动手实验或当场制作，真正成了青少年参观者的乐园。一些旧的博物馆也增加了不少服务设施，变得有人情味儿了。

（选自《北京青年报》《博物馆好看更好玩》一文，有改动）

练 习

1. 根据课文内容选择正确答案：

(1) 现在北京有多少家博物馆？

　　A. 14 家　　　　B. 67 家　　　　C. 150 家　　　　D. 150 多家

(2) 目前北京博物馆的数量跟伦敦比：

　　A. 比伦敦多　　B. 比伦敦少　　C. 跟伦敦一样　　D. 课文里没有提到

(3) 社会投资的博物馆是指：

　　A. 北京以外地区的博物馆

　　B. 政府投资的博物馆

　　C. 企业、社会团体和个人办的博物馆

　　D. 不对市民开放的博物馆

(4) 公民个人开办的博物馆有什么吸引人的地方？

　　A. 独特的文化味道　　　　　　B. 门票价格便宜

　　C. 可以动手做实验　　　　　　D. 收藏文物丰富

(5) 下面哪一种说法是正确的？

　　A. 建国时只有历史类博物馆　　B. 历史类博物馆越来越少

　　C. 历史类博物馆只有以前有　　D. 历史类博物馆没有人情味儿

(6) 文中没有提到哪一类博物馆？

　　A. 历史博物馆　　　　　　　　B. 民俗博物馆

　　C. 综合博物馆　　　　　　　　D. 企业博物馆

(7) "与百姓生活密切相关的博物馆也多起来了。"这句话是什么意思？

　　A. 离百姓家近的博物馆数量多了

　　B. 博物馆准备介绍百姓的生活

　　C. 关注百姓生活的博物馆比以前多了

　　D. 以前的博物馆一点儿也不关心百姓生活

2. 选择恰当的词语填空：

（1）新中国成立时，北京这座古都只有两家_____市民参观的博物馆。

　　A. 请　　　　B. 被　　　　C. 由　　　　D. 供

（2）进入 90 年代，（北京）每年都有六七家博物馆_____。

　　A. 出来　　　B. 修建　　　C. 问世　　　D. 出世

（3）21 世纪初，北京_____百余家博物馆，共收藏文物、艺术品 226 万件。

　　A. 拥有　　　B. 具有　　　C. 获得　　　D. 组织

（4）目前，北京各类博物馆的数量和种类名_____世界第二。

　　A. 为　　　　B. 列　　　　C. 排　　　　D. 达

（5）一些公民个人提出_____博物馆的申请。

　　A. 举办　　　B. 举行　　　C. 办理　　　D. 开办

（6）不少博物馆允许参观者动手实验或_____制作。

　　A. 当心　　　B. 当场　　　C. 当天　　　D. 当地

补充阅读

　　每当我吃过安眠药，仍旧睡不着的时候，我就让自己静静地数数儿，从一数起，之后就会慢慢进入梦乡。这个方法起初很灵，后来就不行了；我往往会把数字和我的年龄联系起来！比如数到四、五，我就想起在上海和祖父在一起的乐事；数到了七、八，就会想起我在烟台海边奔走游戏的快事；继续数下去，心情却渐渐地复杂起来了。九十二年过去了，再过半个月，就会数到九十三了，什么事情都经历过了，我已是一个真正没有烦恼、随时准备离去的人。

（选自《从一数到九十二》，冰心文，有改动）

根据课文内容回答下列问题：

(1) "我"为什么要数数儿？

_____

(2) "把数字和我的年龄联系起来"是什么意思？

_____

(3) "我"此时多大岁数？

_____

(4) 文章最后的"离去"是什么意思？

_____

细读部分

生　词

1.	贫穷	pínqióng	（形）	poor
2.	落后	luòhòu	（形）	backward
3.	根据	gēnjù	（介）	according to, in the light of
4.	判断	pànduàn	（动）	judge
5.	钉子	dīngzi	（名）	nail
6.	凑合	còuhe	（动）	make do
7.	嘱咐	zhǔfù	（动）	enjoin, tell, exhort
8.	看	kān	（动）	keep an eye on
9.	淘气	táoqì	（形）	naughty, mischievous
10.	承认	chéngrèn	（动）	recognize
11.	强迫	qiǎngpò	（动）	compel, force
12.	欠债	qiàn zhài	（动）	be in debt, run into debt
13.	走散	zǒusàn	（动）	be separated from or lose touch with one's relatives or friends, etc.
14.	流落	liúluò	（动）	wander about destitute
15.	禁不住	jīnbuzhù	（动）	can't help(doing sth.)
16.	结局	jiéjú	（名）	ending
17.	援助	yuánzhù	（动）	help, support, aid
18.	捐款	juān kuǎn	（动）	donate

专 名

1.	水泉村	Shuǐquáncūn	name of a village
2.	魏敏芝	Wèi Mǐnzhī	name of a person
3.	张慧科	Zhāng Huìkē	name of a person

注 释

1 **连** *prep.* (used correlatively with 也，都，etc.) even

介词。连 + 动。多有"也、都"等跟它呼应。表示强调，有"甚至"的意思。如课文里的句子：

上下课连个钟表都没有。

2 **代课** take over a class for an absent teacher

代替别人讲课。

3 **凑合** make do

动词。虽然不很满意，但能够应付。如课文里的句子：

找这么一个人也不容易，先让她凑合一个月吧。

4 **再三** *adv.* over and over again, repeatedly

副词。一次又一次。如课文里的句子：

高老师临走时再三嘱咐魏敏芝，一定要把学生看住。

5 **不得不** have no choice (or option) but to, have to

没有别的办法，只能这么做。如课文里的句子：

他因家里欠债，不得不到城里打工。

6 **茫茫人海** huge crowd

形容很多很多的人。如课文里的句子：

她只身一人踏上了进城之路，开始了茫茫人海里的寻找。

7　千辛万苦　all kinds of hardships, untold hardships
　　形容很多的艰难困苦。

8　禁不住　can't help (doing sth.)
　　控制不住。如课文里的句子：

　　　　流落街头的张慧科看到了这个节目，禁不住流下了热泪……

9　大团圆　happy ending
　　小说、戏剧、电影中的主要人物经过悲欢离合终于团聚的结局。

课　文

《一个都不能少》（电影故事）

字数：537字　　　阅读时间：6分钟　　答题时间：12分钟

　　水泉村是个贫穷落后的地方，学校教室破旧，上下课连个钟表都没有，只能根据日光的移动来判断时间，当日光照到教室中间那根木头柱子上的钉子时，孩子们就知道该下课了。

　　水泉小学的高老师要回家看望病重的母亲，村长从邻村找来只上过小学的魏敏芝给高老师代一个月的课。高老师见魏敏芝只有十三四岁，不想要。村长说，找这么一个人也不容易，先让她凑合一个月吧。

　　水泉小学原先有三四十个学生，每年都有学生因家里穷离开学校，现在只剩二十八个了。高老师临走时再三嘱咐魏敏芝，一定要把学生看住，一个都不能少。

　　十岁的张慧科十分淘气，他不承认比自己大不了多少的魏敏芝是老师，还是在村长的强迫下才不情愿地叫了一声"魏老师"。他因家里欠债，不得不到城里打工，却在火车站与同乡走散。魏敏芝记住高老师临走前的嘱咐，决心把张慧科找回来，她只身一人踏上了进城之路，开始了茫茫人海里的寻找。经历了千辛万苦，终于遇到好心人，她在电视台工作人员的热心帮助下，走上电视，对着不知身在何处的张慧科喊道："张慧科，你在哪里啊？你都快把我给急死了……你跟我回去吧……"流落街头的张慧科看到了这个节目，禁不住流下了热泪……该片的大团圆结局令人高兴，社会上不少好心人向他们伸出了援助之手，张慧科又回到了课堂。村长说要用人们的捐款建一所新的学校。

练 习

1. 根据课文内容选择正确答案：

(1) 水泉村小学面临的最大问题是什么？

　　A. 教室破旧　　　　　　　　B. 上下课没有钟表

　　C. 学生没钱上学　　　　　　D. 找不到好老师

(2) 水泉村小学为什么每年都有学生离开学校？

　　A. 学校没有好老师　　　　　B. 这儿的孩子太淘气

　　C. 学生家里太穷　　　　　　D. 学校的教室太破旧

(3) 为什么张慧科不承认魏敏芝是老师？

　　A. 魏敏芝只上过小学　　　　B. 高老师不想要魏敏芝

　　C. 魏敏芝年龄太小　　　　　D. 魏敏芝是代课老师

(4) 张慧科进城之后怎么样？

　　A. 流落街头　　　　　　　　B. 在城里打工

　　C. 不知身在何处　　　　　　D. 遇到了好心人

(5) 魏敏芝进城找张慧科顺利吗？

　　A. 她一进城就遇到了好心人　　B. 她好容易才找到张慧科

C. 她在电视台里找到了张慧科　　D. 张慧科也在到处找她

（6）这部影片的结局怎么样？

A. 大家团圆了　　　　　　　　B. 很圆满

C. 人们很高兴　　　　　　　　D. 让大家都团圆了

2. 选择对下列句子的正确理解：

（1）他……不得不到城里打工。

A. 他没有别的办法，只能去城里打工

B. 他不应该去城里打工

C. 他一定得去城里打工

D. 他得不到去城里工作的机会

（2）张慧科不承认比自己大不了多少的魏敏芝是老师。

A. 魏敏芝比张慧科大很多

B. 魏敏芝不比张慧科大

C. 魏敏芝比张慧科大一点儿

D. 不清楚魏敏芝比张慧科大多少

（3）他……却在火车站与同乡走散。

A. 在车站他与同乡告别

B. 他在车站失去了同乡

C. 他和同乡在车站都迷路了

D. 他在车站找不到同乡了

（4）社会上不少好心人向他们伸出了援助之手。

A. 他们得到了社会的帮助

B. 很多人同他们握手

C. 社会上不少好心人想见他们

D. 他们引起了社会的注意

3. 选择最接近下列画线词语意思的解释：

（1）只能根据日光的移动来<u>判断</u>时间。

    A. 猜测   B. 决定   C. 想象   D. 猜猜

（2）高老师临走时<u>再三</u>嘱咐魏敏芝，一定要把学生看住，一个都不能少。

    A. 反复   B. 三次   C. 第三次   D. 两次

（3）十岁的张慧科十分<u>淘气</u>，他不承认比自己大不了多少的魏敏芝是老师。

    A. 顽皮   B. 生气   C. 活泼   D. 可爱

（4）还是在村长的强迫下才不<u>情愿</u>地叫了一声"魏老师"。

    A. 愿意   B. 有感情   C. 有情有义   D. 意愿

（5）他因家里欠债，<u>不得不</u>到城里打工。

    A. 得不到   B. 不能   C. 有机会   D. 只好

（6）<u>该片</u>的大团圆结局令人高兴。

    A. 这部影片   B. 这个地方   C. 这一大片   D. 某部片子

快读部分

生 词

1.	跟随	gēnsuí	（动）	follow
2.	出席	chūxí	（动）	be present, attend
3.	人士	rénshì	（名）	person

4.	贫困	pínkùn	(形)	impoverished, poverty-stricken
5.	项目	xiàngmù	(名)	item
6.	异口同声	yì kǒu tóng shēng		with one voice, in unison
7.	摆弄	bǎinòng	(动)	fiddle with
8.	琢磨	zuómo	(动)	think over
9.	眼界	yǎnjiè	(名)	field of vision(or view)
10.	开阔	kāikuò	(形)	wide
11.	踏踏实实	tātashíshí		conscientious
12.	巡回	xúnhuí	(动)	go the rounds, tour
13.	真诚	zhēnchéng	(形)	sincere
14.	刮目相看	guāmù xiāng kàn		look at sb. with new eyes

专　名

张艺谋　　　Zhāng Yìmóu　　　name of a famous film director

注　释

1　周游　travel round
　　到各地游览。

2　首映式　premiere（of a film）
　　为电影首次放映而举行的仪式。

3　剧组　play staff, a group of people working on the same play
　　为拍电影临时组成的团体，包括导演、演员和其他有关人员。

课 文

来自山区的小演员

字数：637 字　　阅读时间：3.5 分钟　　答题时间：8 分钟

昨天，在跟随张艺谋周游 15 个城市出席《一个都不能少》当地首映式活动之后，影片主演魏敏芝、张慧科痛痛快快地在北京游乐园玩了一整天。剧组人士介绍说，来自河北贫困山区的这两位初中学生把游乐园所有项目都玩了一遍，光"激流勇进"一项就玩了 4 次。

魏敏芝、张慧科异口同声地告诉记者："今天玩得最开心。"谈到这次周游各地的印象，魏敏芝对走过的 15 个城市印象极深："我过去不知道中国究竟有多大，这次出来一看，才知道有这么多、这么好的大城市。比如说杭州的西湖那么漂亮，在船上看不够；上海的建筑挺美的；北京动物园的动物最多；西安的小吃最好吃……"她告诉记者，回去以后要好好读书，长大后为国家多做一点儿事情。

剧组里的人介绍，两个孩子一个好动，一个好静。张慧科对车特别感兴趣，爱摆弄宾馆房间里的一切电器。而魏敏芝拍戏后养成爱看电影的习惯，也养成写日记、写作文的习惯。她很认真地琢磨词语，细心地记下自己的所见所闻。

魏敏芝告诉记者，自己在班上的作文成绩一直不错。拍戏以后眼界开阔了，作文内容也有了很大的变化。她说："回学校后与老师、同学相处跟以前一样，没什么改变。因为拍戏耽误了一些功课，成绩有些下降，但现在都赶上去了。"

这次周游 15 个大城市，不少观众见到魏敏芝、张慧科都很亲切，有的观众送了图书等学习用品，希望他们踏踏实实地读书。

"谢谢剧组、张艺谋叔叔给我的机会，谢谢叔叔阿姨看我们演的电影。"在一个大城市巡回宣传中，在鲜花和掌声中，魏敏芝真诚地说出这两句话。

剧组里的人说，魏敏芝长大了，令人刮目相看。

(选自《中国青年报》，陈国华文，有改动)

练 习

1. 根据课文内容选择正确答案：

(1) 张艺谋带魏敏芝他们去干什么？

　　A. 周游 15 个城市　　　　　　B. 巡回宣传

　　C. 开阔他们的眼界　　　　　　D. 拍电影《一个都不能少》

(2) 他们在什么地方玩得最高兴？

　　A. 杭州　　　　B. 上海　　　　C. 北京　　　　D. 西安

(3) 魏敏芝性格怎么样？

　　A. 好动　　　　B. 细心　　　　C. 文静　　　　D. 认真

(4) 通过拍电影魏敏芝变化大吗？

　　A. 跟以前一样，没什么改变　　　B. 变化非常大

　　C. 变化不怎么大　　　　　　　　D. 有一点儿变化

2. 解释下列句中的画线词语：

(1) 在跟随张艺谋周游 15 个城市出席《一个都不能少》当地首映式活动之后……

(2) 魏敏芝、张慧科异口同声地告诉记者："今天玩得最开心。"

(3) 魏敏芝对走过的 15 个城市印象极深。

(4) 我过去不知道中国究竟有多大。

(5) 剧组里的人介绍，两个孩子一个好动，一个好静。

(6) 她细心地记下自己的所见所闻。

（7）剧组里的人说，魏敏芝长大了，<u>令人刮目相看</u>。

3. 词语连线：

周游	下降
来自	词语
摆弄	开阔
养成	世界
琢磨	山区
记下	电器
眼界	演出
耽误	习惯
巡回	见闻
成绩	功课

补充阅读

通过社会集资救助贫困地区失学儿童的"希望工程"，开始于 1989 年。十年以后，共有 1000 多万人捐钱捐物，165 万失学孩子受到救助。

一个小男孩没有什么可以回报资助他上学的一位远方的先生，他想寄几个红薯给他，走了 40 里山路，可是邮局不给寄。后来他想出一个办法，在家里种了 5 棵向日葵，浇水、除草、捉虫，每天看一次，盼呀盼，终于等到收获。这次邮局的阿姨知道了情况，没有收他的邮费。那位先生收到信和向日葵，激动得流下热泪。他回信说："只要你努力学习，我将继续供你读中学、大学……你就是叔叔的希望工程。"

（选自《人民画报》，有改动）

根据课文内容判断正误：

（1）"希望工程"开始后的 10 年中参加"希望工程"救助活动的有
　　　165 万人。　　　　　　　　　　　　　　　　　　　　（　　）

（2）男孩想回报资助他的那位先生，给他寄去了自己种的红薯。　（　　）

（3）那位先生收到男孩寄来的东西很感动，打算在生活方面长期
　　　给他资助。　　　　　　　　　　　　　　　　　　　（　　）

细读部分

生　词

1.	通常	tōngcháng	（副）	generally, usually
2.	常规	chángguī	（名）	convention, common practice
3.	电脑	diànnǎo	（名）	computer
4.	异性	yìxìng	（名）	the opposite sex
5.	就餐	jiùcān	（动）	have a meal, dine
6.	传真	chuánzhēn	（名）	fax
7.	保健	bǎojiàn	（动）	health care
8.	吵架	chǎo jià	（动）	quarrel, have a row
9.	稀少	xīshǎo	（形）	few, rare
10.	聚会	jùhuì	（动）	get together
11.	人员	rényuán	（名）	personnel, staff
12.	确切	quèqiè	（形）	exact
13.	观念	guānniàn	（名）	concept
14.	行为	xíngwéi	（名）	behavior
15.	讲究	jiǎngjiu	（动）	devote particular care to
16.	效率	xiàolǜ	（名）	efficiency
17.	敢于	gǎnyú	（动）	have the courage to
18.	尝试	chángshì	（动）	attempt, try
19.	看不惯	kànbuguàn	（动）	frown upon, dislike

20.	时装	shízhuāng	（名）	fashionable dress
21.	群体	qúntǐ	（名）	groups
22.	潮流	cháoliú	（名）	trend, fashion
23.	形成	xíngchéng	（动）	form

注　释

1　**打游戏**　play games
用电子设备（如电脑、游戏机）玩游戏。

2　**麻将**　mah-jong
一种牌类娱乐用具。

3　**归**　*v.* belong to
动词，属于（谁所有）。如：
这些东西全归你。

4　**自由主义习气**　bad liberalist habit
过于强调个人利益的不好的习惯或作风。

5　**跳槽**　abandon one job for another
离开原来的工作单位，去别的工作单位。

6　**白领阶层**　white-collar workers
从事脑力劳动的人员所在的阶层。

课　文

北京青年周末干什么？

字数：569字　　阅读时间：7分钟　　答题时间：15分钟

在周末，你通常都安排哪些活动项目？关于这个问题5月25

日的这个星期日，零点调查公司的访问员访问了本市 607 名 16 岁至 35 岁的青年人。

结果显示，70% 以上的人在周末进行的普遍性或常规性活动是上网聊天、逛街购物、玩电脑游戏、看电视、听广播、读书看报；不到 40% 的人进行非常规性活动，这类活动有早起、午夜不睡、周末上班、体育锻炼、与异性朋友约会、旅游、外出就餐；10% 以下的人利用周末打国际长途、收发传真、打麻将、服用营养保健品或与人生气吵架，这些活动项目被归为稀少性活动。

从调查结果还可以看出：29.4% 的人在早晨 7 点钟前起床，20 岁以下青年（学生）起床后的主要活动是锻炼身体，21 岁以上者起床后的主要活动是做饭、上网、看电视、收听广播；36.6% 的人晚上 12 点钟以后上床，以 23 岁至 35 岁青年为主，晚睡者的主要活动有与朋友聚会、上网、打麻将和看电视；6.7% 的人周末打麻将，而且以 25 岁以上者占多数。

研究人员认为，确切地说是 26 岁至 27 岁以下的"新人类"，正在打破传统的市民生活观念，他们的行为表现既包括了知识面广、会挣钱、办事讲究效率、外语好、学什么都快以及敢于尝试，也有让中年人和老年人看不惯的方面，像自由主义习气、恋爱方式、夜生活、新词汇、讲究新款名牌时装、不断跳槽等。而白领阶层和大中学生群体在流行消费文化潮流的形成方面起主导作用。

（选自《北京晚报》，有改动）

练 习

1. 根据课文内容选择正确答案：

（1）这次调查的题目最可能是以下哪一个？

    A. 你认为本市青年周末干什么

    B. 上个周末，你都安排了哪些活动

    C. 上个周末，你做什么了

    D. 周末你通常有哪些活动

（2）本文把周末进行的活动分为几类？

    A. 五类　　　　B. 四类　　　　C. 三类　　　　D. 两类

（3）下面哪一种活动是青年在周末进行的普遍性活动？

    A. 收听广播　　B. 锻炼身体　　C. 旅游　　　　D. 上班

（4）下面哪一种活动可归为稀少性活动？

    A. 打游戏　　　B. 外出就餐　　C. 打麻将　　　D. 上网聊天

（5）与异性朋友约会被归入哪一类活动？

    A. 普遍性活动　　　　　　　　B. 常规性活动

    C. 非常规性活动　　　　　　　D. 稀少性活动

（6）晚睡的人常常做什么？

    A. 与家人聚会　　　　　　　　B. 收听广播

    C. 看电视　　　　　　　　　　D. 锻炼身体

（7）以下哪个群体在流行消费文化潮流的形成方面起主导作用？

    A. 小学生　　　　　　　　　　B. 中老年人

    C. 大中学生　　　　　　　　　D. 研究生

2. 根据课文内容选择，"新人类"的以下哪些行为表现是中老年人看不惯的？

    知识面广、自由主义习气、会挣钱、办事讲究效率、动不动就跳槽、外语好、学什么都快、敢于尝试、过夜生活、好用新词汇、讲究新款名牌时装

3. 选择合适的词语填空：

    就餐　看不惯　收听　占　起　进行　归　主　服用　打破　群体

（1）70%以上的人在周末＿＿＿＿＿的普遍性或常规性活动是上网聊天、逛街购物……

（2）这类活动有早起、午夜不睡、周末上班、体育锻炼、与异性朋友约会、旅游、外出_____。

（3）10%以下的人利用周末打国际长途、收发传真、打麻将、_____营养保健品或与人生气吵架。

（4）这些活动项目被_____为稀少性活动。

（5）21岁以上者起床后的主要活动是做饭、上网、看电视、_____广播。

（6）36.6%的人晚上12点钟以后上床，以23岁至35岁青年为_____。

（7）6.7%的人周末打麻将，而且以25岁以上者_____多数。

（8）"新人类"正在_____传统的市民生活观念，他们的行为有时让中年人和老年人_____。

（9）白领阶层和大中学生_____在流行消费文化潮流的形成方面_____着主导作用。

快读部分

生 词

1.	富裕	fùyù	（形）	rich, wealthy
2.	心理	xīnlǐ	（名）	psychology
3.	现状	xiànzhuàng	（名）	present (or current) situation
4.	追求	zhuīqiú	（动）	seek; pursue
5.	微不足道	wēi bù zú dào		too trivial or insignificant to be mentioned
6.	命运	mìngyùn	（名）	fate
7.	奋斗	fèndòu	（名）	struggle, fight

8.	回报	huíbào	(动)	repay
9.	意识	yìshi	(名)	consciousness
10.	完整	wánzhěng	(形)	complete
11.	体系	tǐxì	(名)	system
12.	勇气	yǒngqì	(名)	courage

注 释

1　百分比　percentage

用百分率表示的两个数的比例关系。如：8%、40%。

2　出于　start from; proceed from

出（动词）+ 于。出于，从……出发。于，在这里是"从"的意思。
如课文里的句子：

现在我们的理想更多的是出于个人目的。

课 文

我们还缺什么？

字数：572 字　　阅读时间：2.5 分钟　　答题时间：8 分钟

很多时候，我们喜欢去想自己拥有了什么，比如学历、职位、住房、汽车、比过去富裕的生活等等，我们已经拥有了很多，我们早已告别了物质缺乏的时代。这样想可以使我们在心理上得到满足。很少有谁去认真思考我们还缺少什么，我们还需要什么。这可能就是满足现状、没有追求的一种表现吧。

我们还缺什么？我们缺的东西太多了。

　　首先是缺少教育（尤其是高等教育），这仍然是中国社会需要努力解决的问题。我们每年都看到接受高等教育的人口在增多，但中国人口太多了，这个百分比对中国十几亿人口来说太微不足道了。

　　缺乏大的理想也是一种普遍情况。无论是谁，到了一定年龄，都应该拥有理想。上世纪50年代怎么样我没有经历过，但80年代的情况我知道，那时人们心里都装着民族、国家的命运，这是一个很大的理想。现在我们的理想更多的是出于个人目的，我们也奋斗也付出，但我们更要求回报。

　　我们的现代意识还不够强。几千年的历史形成了一个完整的体系，我们从来都在这种体系里生活，容易满足现状，不愿改变太多。我们还没能处理好这个问题：如何树立更强的现代意识去面对现代化的世界？

　　我们也缺少对人本身的关注。如今我们的教育会教人们如何成功、如何学习、如何做事，却很少教人们去关心人的发展，关心周围的所有人。

　　我们还缺乏否定自己的勇气。我们特别容易满足，觉得没有必要打破现状。只有勇敢地打破现状，才有机会去追求更好的东西。

（选自《中国周刊》，有改动）

练 习

1. 根据课文内容判断正误：

（1）经常想我们还缺什么，可以使我们在心理上得到满足。　　（　）
（2）许多人不愿考虑自己身上缺少什么，自己还需要什么。　　（　）
（3）在中国接受过高等教育的人口相对还是太少。　　（　）
（4）我们可能都有自己的理想，但缺乏大的理想。　　（　）
（5）作者经历过上世纪50年代的生活，对当时的情况很了解。　　（　）

（6）现在人们在付出的同时，更注重得到回报。　　　　　（　　）

（7）我们的现代意识不够强，是因为我们都有理想。　　　（　　）

（8）现在的教育有问题，不教人们如何取得成功。　　　　（　　）

（9）对人本身的关注也包括关心自己周围的人。　　　　　（　　）

（10）我们应该勇敢地否定自己，打破现状，去追求更好的东西。（　　）

2. 选择恰当的词语填空：

（1）很多时候，我们喜欢去想自己拥有了什么，＿＿＿＿＿学历、职位、住房、汽车、比过去富裕的生活等等。

　　A. 好像　　　　B. 特别　　　　C. 比如　　　　D. 比较

（2）我们每年都看到接受高等教育的人口在＿＿＿＿＿多。

　　A. 增　　　　B. 加　　　　C. 减　　　　D. 给

（3）这个百分比对中国十几亿人口＿＿＿＿＿太微不足道了。

　　A. 说起来　　B. 说　　　　C. 去说　　　D. 来说

（4）上世纪 50 年代怎么样我没有＿＿＿＿＿过，但 80 年代的情况我知道。

　　A. 经历　　　B. 经过　　　C. 经验　　　D. 通过

（5）现在我们的理想更多的是＿＿＿＿＿个人目的。

　　A. 出于　　　B. 从　　　　C. 出发　　　D. 出

（6）几千年的历史＿＿＿＿＿了一个完整的体系。

　　A. 作为　　　B. 建成　　　C. 形成　　　D. 变成

（7）我们还没能处理好这个问题：如何＿＿＿＿＿更强的现代意识去面对现代化的世界？

　　A. 成立　　　B. 成为　　　C. 建成　　　D. 树立

（8）我们还缺乏＿＿＿＿＿自己的勇气。

　　A. 是否　　　B. 否定　　　C. 必定　　　D. 固定

补充阅读

(一)

生活在大城市，我觉得我们一是缺清静的环境。我们所生活的城市太嘈杂，噪音对人们的身心健康造成很大的影响。二是缺平静的心境。随着城市生活节奏的加快，竞争越来越激烈，工作的压力也越来越大，虽然收入不断增长，但让人感到活得有点儿力不从心。

(二)

看重健康，是一个人珍惜生命、有责任感的表现。有人说，健康的秘诀在于能够"三心二意"。"三心二意"是个成语，意思是：心里想这样又想那样，做事犹豫不决。不过我这里的"三心二意"可不是成语的原义。这里的"三心"是指信心、粗心和善心，"二意"指随意和惬（qiè）意。要是真做到了这"三心二意"，求得健康就不是难事。人们在追求健康中往往误信一些似是而非的东西。举例说，有人怕胖，想起脂肪就害怕；有人怕吃罐头，认为里面含防腐剂。事实究竟如何呢？你不可不知道。请收看今天的《健康生活》，北京电视台生活频道20点零5分播出。

根据课文内容回答下列问题：

(1) 为什么说我们"缺平静的心境"？

_____

(2) 课文里的"三心二意"是什么意思？

_____

(3) 如果你想了解与第二段课文有关的更具体的内容，你可以怎么做？

_____

细读部分

生　词

1.	跟踪	gēnzōng	（动）	follow the tracks of
2.	震动	zhèndòng	（动）	shock
3.	活蹦乱跳	huó bèng luàn tiào		skip and jump about, gambol
4.	变卖	biànmài	（动）	sell off（one's property）
5.	完美	wánměi	（形）	perfect
6.	提供	tígōng	（动）	provide
7.	线索	xiànsuǒ	（名）	clue
8.	现场	xiànchǎng	（名）	spot
9.	采访	cǎifǎng	（动、名）	interview
10.	身份	shēnfen	（名）	identity
11.	蜷缩	quánsuō	（动）	curl up, huddle up
12.	呼吁	hūyù	（动）	appeal, call on
13.	播发	bōfā	（动）	broadcast
14.	信息	xìnxī	（名）	information
15.	安置	ānzhì	（动）	find a place（for sb.）
16.	闻讯	wénxùn	（动）	hear the news
17.	洽谈	qiàtán	（动）	consult, discuss together
18.	收养	shōuyǎng	（动）	adopt

| 19. | 倾家荡产 | qīng jiā dàng chǎn | be reduced to poverty and ruin |
| 20. | 察看 | chákàn （动） | look carefully at, watch |

注 释

1 新闻人物　a person in the news
　　受新闻媒体或社会一般人普遍关注的人物。

2 踏上归家之途　begin one's journey back home
　　走上回家的路。

3 派出所　police substation
　　公安部门的基层机构。

4 悬着的心落了地　set one's mind at ease
　　原来正为什么事担心，现在终于放了心。

5 西三环　West Third Ring-Road
　　课文中指北京城市交通三环路的西边路段。

课 文

露宿男童找到家

字数：706字　　阅读时间：8分钟　　答题时间：15分钟

　　曾流落北京街头一个月的男孩小兵，上月末终于回到了远在河南的家。

　　这个被《晚间新闻报道》一直跟踪的小新闻人物，这个因流落街头震动了京城、得到许多好心人关爱的十分顽皮的小家伙，10月

28 日跟随从河南省赶到北京的父亲踏上了归家之途。

那天，看到穿戴整齐漂亮、活蹦乱跳的儿子，小兵的父亲，这个为找孩子变卖了大部分家产，花去四万多元的男人，鼻子发酸，不敢相信自己的眼睛。

"孩子!""爸爸!"随着父子相认，《晚间新闻报道》的这条一连做了五期的新闻至此画上了句号；这个发生在北京深秋的动人故事，终于有了一个完美的结尾。

据了解，当《晚间新闻报道》的记者根据两位热心观众提供的线索，第一次赶到现场采访时，这个不明身份的小男孩已经流落街头一个多月了。深秋的夜晚已经很凉，看到孩子蜷缩在纸箱里睡在街头的情景，三位记者的心都要碎了，他们决定尽快帮孩子找到家。

"把孩子接回家吧!"10 月 21 日的《晚间新闻报道》，首先向孩子的家人、也向社会发出了呼吁。从那天起，他们每天都要播发有关孩子的消息，为小男孩找家的信息立刻传遍京城。通过《晚间新闻报道》记者的努力，第二天，小兵便告别了街头，在派出所得到了临时安置；一批批好心人闻讯为他送来了食品和衣物，也有北京人和外地人前来洽谈收养问题。

如今父子相见，《晚间新闻报道》的记者同许多好心人一样，悬着的心落了地。据孩子的父亲介绍，小兵是因为学习成绩受到妈妈的批评，于 9 月 6 日离家出走的。为了找孩子，家里已是倾家荡产。

10 月 28 日，小兵的父亲怀着复杂的心情，到西三环察看了孩子睡觉的地方，看望了那些给过孩子帮助的好心人，一路上不住地表示感谢。

下午，父子俩乘上了长途客车，告别了这座给他们留下难忘记忆的都市。

(选自《北京广播电视报》，晨星文，有改动)

练 习

1. 根据课文内容选择正确答案：

(1) 这个故事是：

    A. 真实的故事   B. 虚构的故事

    C. 根据真事改编的故事   D. 电视剧

(2) 文中没有提到以下哪一方面？

    A. 寻子经过   B. 故事发生的时间

    C. 故事的起因   D. 故事的结局

(3) 见到儿子，小兵的父亲为什么不敢相信自己的眼睛？

    A. 儿子穿戴整齐，活蹦乱跳

    B. 儿子变化太大，他有点儿认不出了

    C. 他的眼睛看不清楚了

    D. 他不敢相信眼前的事实

(4) 见到小兵，记者为什么心都要碎了？

    A. 孩子太可怜了   B. 北京的深秋太冷了

    C. 孩子离家出走了   D. 孩子找不到父母了

(5) 小兵最早是被谁发现的？

    A.《晚间新闻报道》   B. 记者

    C. 派出所   D. 热心观众

(6) 小兵为什么离家出走？

    A. 他挨妈妈批评了   B. 他学习成绩不好

    C. 他的妈妈打他了   D. 他太顽皮了

2. 解释下列句中的画线词语：

(1) 10 月 28 日跟随从河南省赶到北京的父亲踏上了归家之途。

(2)《晚间新闻报道》的这条一连做了五期的新闻<u>至此画上了句号</u>。

(3) 这个<u>不明身份</u>的小男孩已经<u>流落街头</u>一个多月了。

(4) 看到孩子蜷缩在纸箱里睡在街头的情景，三位记者的<u>心都要碎了</u>，他们决定尽快帮孩子找到家。

(5) 第二天，小兵便<u>告别了街头</u>，在派出所得到了<u>临时安置</u>。

(6) 如今<u>父子相见</u>，《晚间新闻报道》的记者同许多好心人一样，<u>悬着的心落了地</u>。

(7) 为了找孩子，家里已是<u>倾家荡产</u>。

3. 选择恰当的词语填空：

(1) 曾流落北京街头一个月的男孩小兵，上月末终于回到了_____河南的家。

    A. 远远的   B. 遥远的   C. 远在   D. 在远远的

(2) 看到_____整齐漂亮、活蹦乱跳的儿子，小兵的父亲……不敢相信自己的眼睛。

    A. 穿戴   B. 穿上   C. 身穿   D. 身上穿着

(3) 随着父子_____，《晚间新闻报道》的这条一连做了五期的新闻至此画上了句号。

    A. 认识   B. 见到   C. 互见   D. 相认

(4) 这个_____在北京深秋的动人故事，终于有了一个完美的结尾。

    A. 发现   B. 发生   C. 发展   D. 出现

(5) 他们每天都要播发有关孩子的消息，为小男孩找家的信息立刻_____京城。

    A. 传遍   B. 传过   C. 传来   D. 走遍

(6) 小兵是因为学习成绩_____妈妈的批评，于9月6日离家出走的。

    A. 得到   B. 受到   C. 接受   D. 接到

(7) 父子俩乘上了长途客车，告别了这座给他们留下_____记忆的都市。

    A. 不忘   B. 很难   C. 难忘   D. 忘掉

快读部分

生　词

1.	美慕	xiànmù	（动）	admire
2.	无忧无虑	wú yōu wú lǜ		carefree, happy-go-lucky
3.	孝顺	xiàoshùn	（形）	filial
4.	唠叨	láodao	（动）	be garrulous, chatter
5.	唧唧喳喳	jījizhāzhā		the sound of birds chirping or people talking rapidly and indistinctly
6.	麻雀	máquè	（名）	sparrow
7.	插嘴	chā zuǐ	（动）	interrupt, chip in
8.	嚷	rǎng	（动）	shout, yell
9.	责备	zébèi	（动）	reproach, blame
10.	冷落	lěngluò	（动）	treat coldly
11.	甚至	shènzhì	（副）	even
12.	来临	láilín	（动）	come
13.	烦恼	fánnǎo	（形、名）	vexed, worried; annoyance

注　释

1 **没大没小**　overfamiliar（between old and young）
形容晚辈对长辈没有礼貌。

2 **万一**　*conj.* just in case, if by any chance
连词，表示可能性极小的假设（用于不如意的事）。如课文里的句子：
　　万一说错了，爸爸妈妈脸一沉，谁知道会有什么样的"暴风雨"将要来临！

3 **脸一沉**　put on a long face
不高兴或生气的样子。如：
　　妈妈知道了我的考试成绩，脸一下子就沉下来了。

课　文

当个小孩不容易

字数：514字　　　阅读时间：3分钟　　　答题时间：6分钟

大人总是羡慕小孩子无忧无虑，唉！其实当个小孩也不容易。

小孩子在大人心中，永远是小孩子，永远长不大。大人可以做他们乐意做的事，而且做错了，小孩子也不能批评，要不，就会说什么小孩子不孝顺、没大没小之类的话。要是小孩子，就不一样了。小孩子处处受大人的管，小孩子不能做自己喜欢做的事。而且，如果做错事，那可就不得了了。大人又是批评，又是教育，唠叨个没完。唉！谁叫我们是小孩子呢！

小孩子在大人心目中，永远不懂事，大人们把我们看成一群唧唧喳喳乱叫的麻雀。大人们说话时，小孩子不许插嘴。只要一插嘴，大人们就说："去、去、去，小孩子懂什么！自己一边玩去。"唉！真没办法。但是，大人们永远不会知道，小孩子有时也懂得一些大人不懂的东西。每天，小孩子除了要做老师布置的作业外，还要做爸爸妈妈布置的题。每天爸爸妈妈总是围着小孩子嚷着分、分、分，好像我们不是他们的孩子，分才是他们的孩子！如果小孩子考试考得不好，简直就像犯了大错误，得时刻准备接受随之而来的责备、冷落，甚至打骂。

小孩子有无数心里话，却不敢真实、大胆地告诉家长。因为，万一说错了，爸爸妈妈脸一沉，谁知道会有什么样的"暴风雨"将要来临！

当个小孩，就要有这么多的烦恼吗？唉！当个小孩真是不容易！

（选自《优秀作文鉴赏大全》，纪超文）

练 习

1. 根据课文内容选择正确答案：

（1）本文反映了什么问题？

    A. 父母对孩子的不良影响   B. 大人不喜欢孩子

    C. 家庭教育存在的问题   D. 大人不了解孩子

（2）在大人眼中，小孩子是怎么样的？

    A. 很快乐   B. 不懂事   C. 很不容易   D. 像一群小麻雀

（3）大人们最希望小孩子怎么样？

    A. 无忧无虑   B. 考高分   C. 不插嘴   D. 孝顺父母

（4）本文没提到下面哪种情况？

    A. 孩子在学校学习很紧张   B. 家长对孩子压力太大

    C. 孩子不能批评家长   D. 家长很看重孩子的分数

（5）孩子把心里话告诉家长后会怎么样？

    A. 父母马上沉下脸   B. 孩子可能会挨骂

    C. 父母非常生气   D. 暴风雨会来临

2. 选择最接近下列画线词语意思的解释：

（1）大人总是羡慕小孩子<u>无忧无虑</u>。

    A. 有无数的忧虑   B. 忧虑不多

    C. 没有高兴的事   D. 幸福快乐

（2）大人可以做他们<u>乐意</u>做的事。

    A. 愿意   B. 快乐   C. 意愿   D. 欢乐

（3）要不，就会说什么小孩子不孝顺、<u>没大没小</u>之类的话。

    A. 不知道大小的区别   B. 不懂礼貌

    C. 没有大小的区别   D. 不孝顺

（4）大人们说话时，小孩子<u>不许</u>插嘴。

    A. 不准   B. 不会   C. 不应该   D. 不愿

（5）每天爸爸妈妈总是围着小孩子<u>嚷</u>着分、分、分。

    A. 告诉   B. 叫喊   C. 嘱咐   D. 再三说

（6）小孩子有<u>无数</u>心里话，却不敢真实、大胆地告诉家长。

    A. 不知道多少   B. 不太多

    C. 没有多少   D. 非常多

（7）谁知道会有什么样的"暴风雨"将要<u>来临</u>！

    A. 来到   B. 临时   C. 面临   D. 临近

补充阅读

幽默三则

1. 儿子四岁，对任何零食均无兴趣，只对各样玩具情有独钟。儿童节那天，买回电动汽车一辆，儿子高兴极了。过了一会儿，为了表示感谢，他严肃而又认真地对我说："爸，您真好。等我长到您这么大，还叫您爸爸！"

2. 有一次邻居家来客，想唱卡拉OK，来我家借DVD盘，爷爷去开门，听到是来借盘的，立刻去厨房抱出一些盘子，并说："如果不够，再来拿，我家今天吃面，不用盘子，用碗。"

3. 老师让小学生用形容词"难过"造句，一个小学生站起来说："学校门前的马路很难过。"

根据课文内容回答下列问题：

(1) 四岁的儿子喜欢什么？他是如何向爸爸表示感谢的？

_____

(2) 爷爷把什么搞错了？

_____

(3) 这个小学生这样造句对不对？

_____

细读部分

生 词

1.	描述	miáoshù	（动）	describe
2.	炎热	yánrè	（形）	(of weather) scorching, blazing, burning hot
3.	凉爽	liángshuǎng	（形）	pleasantly cool
4.	宜人	yírén	（形）	pleasant, delightful
5.	干燥	gānzào	（形）	dry, arid
6.	平均	píngjūn	（形）	average
7.	寻常	xúncháng	（形）	ordinary, usual, common
8.	景象	jǐngxiàng	（名）	scene
9.	暖融融	nuǎnróngróng	（形）	nice and warm
10.	气温	qìwēn	（名）	temperature
11.	不禁	bùjīn	（副）	can't help (doing sth.)
12.	中心	zhōngxīn	（名）	center
13.	预测	yùcè	（动）	predict, forecast
14.	获悉	huòxī	（动）	learn(of an event)
15.	规律	guīlǜ	（名）	regularity
16.	预报	yùbào	（动、名）	forecast
17.	迹象	jìxiàng	（名）	sign, indication
18.	无限	wúxiàn	（形）	infinite, limitless

19.	持续	chíxù	（动）	continue
20.	预计	yùjì	（动）	estimate
21.	转化	zhuǎnhuà	（动）	change
22.	期待	qīdài	（动）	expect
23.	纷飞	fēnfēi	（动）	(of thick snowflakes) swirl in the air
24.	寒风刺骨	hánfēng cìgǔ		the cold wind chilled one to the bone
25.	严冬	yándōng	（名）	severe winter
26.	病毒	bìngdú	（名）	virus
27.	病菌	bìngjūn	（名）	pathogenic bacteria, germ

注　释

1 **降水量**　precipitation
主要指一定时间内雨、雪等的量。

2 **毫米**　millimeter（mm）
米的千分之一（mm）。

3 **立冬**　Day Marking the Beginning of Winter (the 19th solar term)
中国农历二十四节气之一，表明冬天的开始。

4 **达**　*v.* reach, hit, amount to
动词，到（某种程度）。如课文里的句子：
气温高达 16 摄氏度。

5 **摄氏度**　centigrade
常用符号"°C"表示。

6 **春暖花开**　spring has come and the flowers are in bloom
形容春天的景象。

7 难道 *adv.* (*used in a rhetorical question for emphasis*)

副词，加强反问语气。如课文里的句子：

人们不禁要问：难道今冬又是一个暖冬吗？

8 偏 *adv.* inclined to one side

副词，表示与某个标准相比有差距。如：

气温偏高 工资偏低

9 该 (*formal*) this, that, the said, the above-mentioned

指示词，指上文说过的人或事物。如：

该中心有关人士

课 文

今冬可能转冷

字数：490字　　阅读时间：6分钟　　答题时间：15分钟

通常我们是这样描述北京的气候的：四月初开春，六月初入夏，九月秋风送爽，十月底秋去冬来；春季温暖多风，夏季炎热多雨，秋季凉爽宜人，冬季寒冷干燥。年平均降水量644毫米。

今年冬天的情况却非同寻常。11月8日立冬，可这冬季第一天的北京毫无冬天的景象。太阳当头，照得人身上暖融融的，气温高达16摄氏度，倒有点儿春暖花开的感觉。人们不禁要问：难道今冬又是一个暖冬吗？记者从北京气候中心短期气候预测室获悉，今冬平均气温将明显比去年冬季低，很可能达到或接近常年的水平。

暖冬是指冬季平均气温比常年偏高0.5摄氏度或以上的一种天气现象。自1986年至1999年，北京连续出现13个暖冬，1998年12月至1999年2月，平均气温比常年高2.8摄氏度，成为20世纪

43

最暖的一个冬天。

在谈到今冬的天气时，该中心有关人士说，毫无规律的气象变化使得长期预报变得很难，但已有迹象表明，暖冬不会无限持续。因为气温高也不可能总那么高，气温低也不可能总那么低，预计最近一两年即可向偏冷的方面转化，其实这也是老百姓所期待的。冬天就应有个冬天的样儿，并且大雪纷飞、寒风刺骨的严冬可以杀死各种病毒、病菌，对人们的健康有利。

（选自《生活时报》，陈君文，有改动）

练 习

1. 根据课文内容选择正确答案：

(1) 今年立冬的第一天怎么样？

    A. 没有一点儿冬天的感觉

    B. 只有一丝冬天的景象

    C. 已经春暖花开了

    D. 气温已超过了 16 摄氏度

(2) 气象专家预测今年冬季会怎样？

    A. 气温会很低

    B. 气温可能接近去年的水平

    C. 不可能还是暖冬

    D. 向偏冷方面转化不是没有可能的

(3) 现在为什么对气候的长期预报很难？

    A. 因为气温不可能老高

    B. 因为暖冬现象不会无限持续

    C. 因为已连续 13 个暖冬了

    D. 气候变化越来越缺乏规律

（4）人们希望冬天是什么样子？

    A. 大雪纷飞、寒风刺骨   B. 该冷的时候就冷

    C. 杀死各种病菌、病毒   D. 给人们带来健康

2. 根据课文内容判断正误：

（1）冬季每天气温比常年高 0.5 摄氏度就算是暖冬。   （   ）

（2）1998 年冬天是上个世纪北京气温最高的一个冬天。   （   ）

（3）最近一两年的冬季气温肯定很低。   （   ）

（4）如今对天气的变化很难预测。   （   ）

（5）今年冬季气温可能比以往低。   （   ）

（6）寒冷的冬天对健康是有利的。   （   ）

（7）1998 年冬季最高气温比常年高 2.8 摄氏度。   （   ）

3. 解释下列句中的画线词语：

（1）今年冬天的情况却<u>非同寻常</u>。

（2）这冬季第一天的北京<u>毫无</u>冬天的景象。

（3）记者从北京气候中心短期气候预测室<u>获悉</u>……

（4）预计最近一两年<u>即可</u>向偏冷的<u>方面转化</u>。

（5）其实这也是老百姓所<u>期待</u>的。

4. 选择恰当的词语填空：

（1）_____我们是这样描述北京的气候的。

    A. 常常   B. 经常   C. 以前   D. 通常

（2）九月秋风送爽，十月底秋去冬_____。

    A. 到   B. 来   C. 回   D. 归

（3）气温高_____16 摄氏度，倒有点儿春暖花开的感觉。

    A. 到   B. 高   C. 达   D. 上

(4) 今冬平均气温将明显比去年冬季低，很可能达到_____接近常年的水平。

    A. 或   B. 和   C. 并且   D. 还是

(5) 自 1986 年至 1999 年，北京_____出现 13 个暖冬。

    A. 连续   B. 继续   C. 接着   D. 保持

(6) 毫无规律的气象变化_____得长期预报变得很难。

    A. 叫   B. 使   C. 让   D. 获

(7) 暖冬不_____无限持续，因为气温高也不可能总那么高。

    A. 能   B. 可   C. 会   D. 行

(8) 预计最近一两年即可向偏冷的方面转化，_____这也是老百姓所期待的。

    A. 其实   B. 真实   C. 实际   D. 实在

快读部分

生 词

1.	温暖	wēnnuǎn	(形)	warm
2.	流动	liúdòng	(动)	flow
3.	高原	gāoyuán	(名)	plateau, highland
4.	寒冷	hánlěng	(形)	cold, frigid
5.	潮湿	cháoshī	(形)	moist, damp
6.	沿海	yánhǎi	(名)	along the coast
7.	移动	yídòng	(动)	move
8.	分别	fēnbié	(副)	respectively

专　名

1.	蒙古	Ménggǔ	Mongolia
2.	俄罗斯	Éluósī	Russia
3.	西伯利亚	Xībólìyà	Siberia

注　释

指　*v.* refer to, indicate

动词，意思是"说的是"。如课文中的句子：

在天气预报中，还常说到西北风、北风、东南风，这是指风向。

课　文

风力和风向

字数：451 字　　阅读时间：2.5 分钟　　答题时间：7 分钟

电视和广播里每天都有天气预报。除了说明天气是晴还是阴、下雨还是下雪以外，还要告诉我们刮不刮风、风力有多少级。风的大小用级来表示。最小的风是一级风，最大的风是十二级。二三级风就是小风，能吹动树上的枝叶；四五级风能吹得河水起波；六七级风就很大了，能吹折树枝；八九级风就特别大了，吹得人都走不动；十级到十二级的风能把大树刮倒。

在天气预报中，还常说到西北风、北风、东南风，这是指风向。西北风就是说风从西北方向吹来，东南风就是说风从东南方向吹来。我们知道，风有个脾气，冷空气总要向温暖空气的那个方向流动。在中国，特别是东南地区，冬季常刮西北风，夏季常刮东南风。中国的西北方向，是蒙古高原和俄罗斯的西伯利亚地区，在冬季，那里是亚洲气候最寒冷、干燥的地区，所以在那里总要形成强大的冷空气。当这股强大的冷空气向中国东南方向温暖、潮湿的沿海地区移动的时候，就刮起了西北风。夏季，风常从东南方向的海洋吹向西北的陆地，刮的就是东南风。在中国，有"东风送暖"、"西风送爽"的说法，这里的"东风"和"西风"分别指的是春风和秋风。

练　习

1. 根据课文内容选择正确答案：

(1) 文中没谈到天气预报的哪一方面？

　　A. 降水　　　　B. 风向　　　　C. 阴晴　　　　D. 气温

(2) 如果树枝被吹断的话，大概是几级风？

　　A. 十二级　　　B. 三级　　　　C. 六级　　　　D. 五级

(3) 中国东南部冬季常刮什么风？

　　A. 西风　　　　B. 东风　　　　C. 西北风　　　D. 东南风

(4) 本文没提到下面哪种天气预报？

　　A. 电视里的　　　　　　　　　B. 电台里的
　　C. 广播里的　　　　　　　　　D. 电话里的

(5) 下面哪种关于风向的说法是错误的？

　　A. 西北风　　　B. 东南风　　　C. 北风　　　　D. 北东风

2. 选择恰当的词语填空：

(1) 除了说明天气是晴还是阴、下雨还是下雪＿＿＿＿＿＿，还要告诉我们刮不刮风。

A. 以外   B. 除外   C. 以后   D. 下面

(2) 风的大小用级来_____。

A. 说明   B. 表示   C. 代表   D. 表明

(3) 八九级风就特别大了，吹得人都走不_____。

A. 去   B. 到   C. 下   D. 动

(4) 十级到十二级的风能把大树刮_____。

A. 下   B. 去   C. 到   D. 倒

(5) 东南风_____风从东南方向吹来。

A. 说出   B. 就说   C. 解释   D. 就是说

(6) 冷空气总要_____温暖空气的那个方向流动。

A. 对   B. 向   C. 去   D. 面向

(7) 在中国，_____东南地区，冬季常刮西北风。

A. 特别是   B. 特别   C. 就是   D. 其中

(8) 这股_____的冷空气向中国东南方向温暖、潮湿的沿海地区移动。

A. 强烈   B. 强   C. 强大   D. 很大

(9) 这里的"东风"和"西风"_____指的是春风和秋风。

A. 都是   B. 只是   C. 还是   D. 分别

补充阅读

在中国民间，一直流传着"九九歌"。"一九、二九不出手；三九、四九冰上走；五九、六九，抬头看柳；七九河开，八九燕来；九九加一九，耕牛遍地走。"这"九九歌"到底说的是什么呢？

原来，在中国用来表示气候变化的节气有 24 个，其中有一个节气叫冬至。冬至那一天，在北半球，中午太阳的高度是一年中最低的。因此这一天白天最短，夜晚最长。从这以后，天气就特别冷了。从冬至那一天开始，每九天叫做一个九，第一个九天叫一九，后面就是二九、三九，一直到九九，共 81 天，这就叫数九天。数九天也就是一年中比较冷的一段时间。数九天过后就是春天了。

从每年冬至（大约 12 月 22 日）起数九，那么到了三九天就是指 1 月 11 日到 19 日的这段时期。三九天是中国大部分地方一年中最冷的时候，所以人们常说"冷在三九"，就是这个意思。"冷在三九"是中国人民从多年的生活经验中总结出来的自然规律，这只是相对中国大部分地区而说的，也有的地方最冷是在二九或者四九天。就是同一个地方也不会每年一定都冷在三九，不过，不管怎么说，三九天总是很冷的。

根据课文内容回答下列问题：

(1)"九九歌"说的是什么？

_____

(2)"数九天"从哪一天开始？一共有几个九？

_____

(3)"冷在三九"是否适用于中国各个地区？

_____

细读部分

生　词

1.	与众不同	yǔ zhòng bù tóng		different from the common run
2.	接收	jiēshōu	（动）	receive
3.	岳母	yuèmǔ	（名）	mother-in-law, wife's mother
4.	发布	fābù	（动）	issue, release
5.	宠爱	chǒng'ài	（动）	make a pet of sb, dote on
6.	播报	bōbào	（动）	broadcast
7.	完毕	wánbì	（动）	finish, end
8.	口音	kǒuyīn	（名）	accent
9.	留神	liú shén	（动）	be careful, watch out
10.	遥控	yáokòng	（动）	remote control
11.	购置	gòuzhì	（动）	purchase, buy
12.	硬朗	yìnglang	（形）	hale and hearty
13.	感慨	gǎnkǎi	（动）	sigh with emotion

注　释

1　凉席　summer sleeping mat（made of woven split bamboo, etc.）
夏天坐卧时铺的席子，多用竹、草等编成。

2 **如数家珍** as if enumerating one's family treasures—show thorough familarity with a subject

像数自己家里的珍宝那样清楚，形容非常熟悉。

3 **依然** *adv.* still, as before

副词，表示还是和过去一样。如课文里的句子：

岳母依然把管他的事当做最大的快乐。

4 **眼馋** cast covetous eyes at sth.

形容词，形容看到自己喜爱的东西非常想得到。

课 文

我家专用的天气预报

字数：644字　　阅读时间：7分钟　　答题时间：15分钟

与大家一样，我家每天晚上都要按时收看电视台的天气预报节目。但与众不同的是，每当天气情况有较大变化时，我家还会接收到专门的天气预报——我岳母为她的外孙子发布的天气预报。

我的儿子是岳母一手带大的，备受姥姥的宠爱，外孙子的冷暖自然也就成了老太太的冷暖。在晚上电视台的天气预报节目刚刚播报完毕时，我家的电话铃声经常会马上响起。岳母用她那夹带着长沙口音的普通话，点着我妻子的小名，开始重播天气预报并布置任务："小妹呀，明天有大雪，别让他骑自行车了，走路时也要留神，别摔了。""小妹呀，明天要大风降温了，一定要给你儿子多穿点儿衣服，千万别让他感冒了。""小妹呀，天还不太热，先不要铺凉席，别让他受凉了。"有时，岳母还在电话中遥控指挥，让我们给她的外孙子从头到脚穿什么戴什么，大的小的、长的短的、厚的薄的、深的浅的，虽然都不在她的眼前，却一件件如数家珍。这也不奇怪，因为这些都是她亲自或指挥着"小妹"为外孙子购置的。每当接到此类具体指示时，妻子总是一边笑一边回答："妈，我知道了，我也刚听完天气预报。我是儿子的妈，能不管他吗？"

岳母今年78岁，身体非常硬朗。其实我儿子也已经十几岁，按理说不用管得太细了。但是，岳母依然把管他的事当做最大的快乐。妻子对此在理解的同时常发一些感慨："妈妈年轻的时候，整天忙于工作，对我们这辈的兄弟姐妹根本不操什么心。现在对孙子辈好得都有点儿让我眼馋了。"

不过需要说明的是，我家的专用天气预报也不是一年四季都能收得到，比如寒暑假期间就停止播报。因为那时外孙子正在姥姥身边呢！

(选自《北京晚报》，二平文，有改动)

练习

1. 根据课文内容选择正确答案：

(1)"我"家专用的天气预报是由谁发布的？

    A."我"妻子　　　　　　　　B. 电视台

    C."我"岳母　　　　　　　　D. 电话局

(2) 发布这样的天气预报是因为：

    A."我"家不收看天气预报　　B. 电视台晚上不播天气预报

    C."我"岳母的预报比电视台的准确　D."我"岳母对外孙子特别关心

(3)"我"岳母是怎样发布天气预报的？

    A. 每天来电话　　　　　　　B. 天气变化不大时不来电话

    C. 一到下雪天才来电话　　　D. 除了寒暑假，每天来电话

(4) "我"儿子穿什么衣服，岳母总是：

　　A. 在电话里作指示　　　　B. 来"我"家提要求

　　C. 亲自去商店购买　　　　D. 离得太远，无法操心

(5) 对岳母的遥控指挥，"我"妻子感到：

　　A. 快乐　　　　　　　　　B. 有点儿厌烦

　　C. 有点儿奇怪　　　　　　D. 可以理解

2. 根据课文内容判断正误：

(1) "我"儿子是在姥姥身边长大的。　　　　　　　　　　（　　）

(2) "我"儿子年龄太小，需要"我"岳母的关心。　　　　（　　）

(3) 妻子非常感谢"我"岳母的关心，因为她整天忙于工作。（　　）

(4) 每当放假的时候，"我"儿子就去岳母家。　　　　　　（　　）

(5) 岳母对"我"儿子平时穿的衣服非常了解。　　　　　　（　　）

3. 根据课文内容填空：

(1) "我"岳母今年_____，她说的普通话_____，她身体_____，
关心外孙子是她最大的_____，外孙子的冷暖也是_____。

(2) "我"儿子已经_____，他是"我"岳母_____，_____备
受姥姥的_____。

(3) "我"妻子的小名叫_____，她去给儿子买衣服也常常按照_____
____。岳母对儿子这么关心使她感到_____，因为她小时候岳母对
她_____。

快读部分

生　词

1.	嫩	nèn	（形）	young and tender

2.	稚气	zhìqì	（形）	childish
3.	盲人	mángrén	（名）	blind person
4.	搓	cuō	（动）	rub with the hands, scrub
5.	年迈	niánmài	（形）	old, aged
6.	外婆	wàipó	（名）	（maternal）grandmother
7.	溅	jiàn	（动）	spatter, splash
8.	宣布	xuānbù	（动）	announce
9.	揽	lǎn	（动）	take upon oneself
10.	拥挤	yōngjǐ	（形）	crowded
11.	搭配	dāpèi	（动）	arrange in pairs or groups
12.	开张	kāizhāng	（动）	open a business
13.	寂寞	jìmò	（形）	lonely
14.	机灵	jīling	（形）	clever, smart
15.	探望	tànwàng	（动）	visit
16.	善良	shànliáng	（形）	kind-hearted
17.	拔尖	bájiān	（形）	top-notch
18.	开朗	kāilǎng	（形）	outgoing
19.	编织	biānzhī	（动）	weave, knit
20.	诺言	nuòyán	（名）	promise

注　释

1　主心骨　backbone, mainstay
可依靠的人或事物。

2　自告奋勇　offer to undertake（a difficult or dangerous task）
主动地要求承担某项有困难的工作。

3　从此　*conj.* from this time on, henceforth
连词，从这个时候起。如课文里的句子：
　　从此，佳蕾更能干了。

4　超市　supermarket
超级市场的简称。

5　若是　*conj.* if
连词，如果，如果是。如课文里的句子：
　　若是爸爸妈妈寂寞了，机灵的她还带着他们去"看"风景……

6　当家　manage (household) affairs
主持家务。

7　少年宫　Children's Palace
一种专门的少年儿童课外活动场所。

课　文

我是爸爸妈妈的眼睛

字数：618字　　　阅读时间：3.5分钟　　　答题时间：7分钟

小小的个子，嫩嫩的嗓音，七岁的王佳蕾稚气十足，让人难以想象在上海一所小学刚刚读二年级的她，竟是一家三口的主心骨。

"我是爸爸妈妈的眼睛。"因为父母都是盲人，佳蕾从懂事起就认准了这一点。她三岁多的时候就会自己穿衣服，自己洗澡，还会洗自己的小袜子。而开始洗全家的衣服大约是在一年前的冬天。那一次脏衣服又多又重，想到妈妈摸摸索索要洗半天，小佳蕾自告奋勇包下了一大盆。她使劲地搓了又搓，认认真真一遍遍地洗。凉水冻红了佳蕾的小手，溅湿了佳蕾的衣服，年迈的外婆看见了，心疼得直掉眼泪。可是佳蕾咧开小嘴笑着，不一会儿就大声宣布："衣服洗好啦!"

从此，佳蕾更能干了。爸爸妈妈地扫不干净，她揽下了所有房间的清扫。开始做饭了，她又淘米又洗菜。去买菜，她牵着爸爸或妈妈穿行在拥挤的人群中，慢慢学会了挑选和搭配。附近的超市开张了，她就领着爸妈去逛，挑上几样他们爱吃的东西。若是爸爸妈妈寂寞了，机灵的她还带着他们去"看"风景……

为了上学方便，佳蕾得常常住在外婆家，可她对爸爸妈妈总是放心不下。他们会不会摔着? 会不会烫着? 家里又该收拾了吧? ……几天不见爸爸妈妈，佳蕾就急得饭都吃不下，而每次回到家，她立即就挽起袖子干活儿。有一次，听说妈妈上班时被车撞伤住院了，小佳蕾急着去探望，却总也等不来车，便一路走了两个多小时，赶到了妈妈的病床前。

这个聪明善良、早早当家的小姑娘，学习拔尖，性格开朗，还在少年宫学会了插花和编织。"我是爸爸妈妈的眼睛"，她永远不会忘记自己的诺言。

(选自《人民画报》，严怡宁文，有改动)

练 习

1. 根据课文内容选择正确答案:

(1) 小佳蕾从小就认准了什么?

    A. 父母都是盲人   B. 她应该多干家务

    C. 她必须比别的孩子懂事   D. 她是爸爸妈妈的眼睛

(2) 小佳蕾什么时候开始洗全家的衣服?

    A. 七岁   B. 六岁   C. 三岁   D. 六七岁

（3）父母无聊的时候，她常常怎么办？

    A. 带父母去外面玩   B. 带父母去逛超市

    C. 带他们穿行在人群中   D. 做几种他们爱吃的菜

（4）小佳蕾在外婆家对父母的担心，文中没谈到以下哪一点？

    A. 担心父母被车撞伤   B. 担心父母摔着

    C. 担心父母烫着   D. 担心家里该收拾了

（5）本文的主要内容是什么？

    A. 小佳蕾自理能力很强   B. 小佳蕾是全家的主心骨

    C. 小佳蕾很喜欢做家务   D. 小佳蕾很聪明

2. 解释下列句中的画线词语：

（1）<u>小小的个子</u>，<u>嫩嫩的嗓音</u>，七岁的王佳蕾<u>稚气十足</u>。

（2）佳蕾<u>从懂事起</u>就认准了这一点。

（3）<u>年迈</u>的外婆看见，凉水冻红了佳蕾的小手……<u>心疼得直掉眼泪</u>。

（4）<u>不一会儿</u>就大声宣布："衣服洗好啦！"

（5）附近的<u>超市开张</u>了，她就领着爸妈去逛，<u>挑上</u>几样他们爱吃的东西。

（6）<u>若是</u>爸爸妈妈<u>寂寞</u>了，<u>机灵</u>的她还带着他们去"看"风景……

（7）佳蕾<u>得</u>常常住在外婆家，可她对爸爸妈妈总是<u>放心不下</u>。

（8）而每次回到家，她<u>立即</u>就挽起袖子干活儿。

（9）小佳蕾急着去探望，却总也<u>等不来车</u>，<u>便一路走了两个多小时</u>。

（10）这个聪明善良、<u>早早当家</u>的小姑娘，学习<u>拔尖</u>，性格开朗。

补充阅读

在生活中，能有几个互相帮助的朋友，是件幸福的事；能有一个充满爱心的丈夫，更是福中之福。

我有过一次失败的婚姻，有一个不在我身边的十岁男孩。

我再婚后，丈夫与孩子的第一次见面是在去年的夏天，孩子到我这儿来过暑假。孩子对丈夫总投去敌对的目光。丈夫没有失去信心，一有时间就和孩子聊天、下棋，还和孩子一起做游戏。孩子喜爱读书，能说许多成语，他和孩子进行成语比赛，鼓励孩子长大成为文学家；孩子爱谈天说地，他就给孩子讲历史故事，鼓励孩子将来做一个历史学家；孩子对恐龙发生了浓厚的兴趣，他就和孩子一起探讨恐龙的有关问题，鼓励孩子将来做一个古生物学家。孩子乐了："哎，叔叔，怎么越当越远啦？"

随着时间的推移，孩子与丈夫的感情越来越深。看到丈夫和孩子的那股亲热劲儿，我不由得流泪了。丈夫在我耳边轻轻地说："这有什么，你的孩子不就是我的孩子嘛！"

(选自《北京晚报》，孟迪文，有改动)

根据课文内容判断正误：

(1) "我"再婚前有一个儿子，但"我"不和他住在一起。　　　　（　）

(2) 孩子对"我"一直很不满意。　　　　（　）

(3) 丈夫鼓励孩子是因为他认为孩子应该成为文学家。　　　　（　）

(4) 丈夫表面上和孩子很亲热，实际上并不喜欢这个孩子。　　　　（　）

细读部分

生　词

1.	网络	wǎngluò	（名）	（the）Internet
2.	奇妙	qímiào	（形）	marvelous, wonderful
3.	注册	zhù cè	（动）	register
4.	账号	zhànghào	（名）	account number
5.	享受	xiǎngshòu	（动）	enjoy
6.	绝对	juéduì	（形）	absolute
7.	参与	cānyù	（动）	participate in, have a hand in
8.	主持	zhǔchí	（动）	preside over, host
9.	论坛	lùntán	（名）	forum
10.	遨游	áoyóu	（动）	roam
11.	视野	shìyě	（名）	field of vision(or view)
12.	成熟	chéngshú	（形）	mature

专　名

1.	尼尔斯	Ní'ěrsī	Nils	瑞典儿童探险小说《尼尔斯骑鹅旅行记》的主人公。
2.	爱丽丝	Àilìsī	Alice	英国儿童小说《爱丽丝漫游奇境》的主人公。

3.	白宫	Báigōng	the White House
4.	南极	Nánjí	the South Pole
5.	非洲	Fēizhōu	Africa

注　释

1　**望子成龙**　long to see one's child succeed in life
希望子女能出人头地或成为有作为的人。

2　**系列产品**　set of products
成组成套的产品。

3　**偶尔**　*adv.* once in a while, occasionally
副词，有时候。如课文里的句子：
　　　　过去除了偶尔玩玩电脑游戏外，我很少去碰它。

4　**冬令营**　winter camp
冬季开设的供青少年短期休息、娱乐等的营地。

5　**不亚于**　not inferior to
不比……差。如课文里的句子：
　　　　我们的这次旅行绝不亚于尼尔斯和爱丽丝的任何一次行程。

6　**压岁钱**　money given to children as a Chinese New Year gift
中国过春节时长辈给小孩的钱。

网络伴我成长

字数：567字　　阅读时间：6分钟　　答题时间：16分钟

我家有一台电脑，是爸爸望子成龙的"系列产品"之一，但是过去除了偶尔玩玩电脑游戏外，我很少去碰它。可现在，它却成了我生活中不可缺少的一部分，甚至成了我的一个好朋友、一位好老师，我所有课外时间几乎都和它相伴度过。

我和电脑的这种亲密关系，是从一年的寒假开始的。在寒假里，我参加了网络冬令营。这是一个非常特殊的冬令营。在短短三天的时间里，老师引导着我们进行了一次奇妙的网上旅行。我们的这次旅行绝不亚于尼尔斯和爱丽丝的任何一次行程。通过电脑网络，我们到了白宫，到了南极，到了非洲，环游了整个世界。

我第一次知道了什么是电脑网络，身在网络，第一次深切体会到：地球很小，就像个家庭。我深深地迷上了电脑网络。冬令营结束时，我用自己的压岁钱注册了一个互联网络的居民账号，获得了坐在家里就能够自由上网的权利。

电脑网络，不仅给了我许多知识，还让我交了许多从来没有见过面的朋友，更让我充分享受到当一个成年人的自由。现实生活中，在老师的眼里我是个学生，在爸爸妈妈的眼里我永远是个长不大的孩子。而在电脑网络中，却没有人知道我是谁，更没有人知道我多大，甚至没有人知道我的性别。在这个网络的世界里，我可以绝对平等、自由自在地和任何人交谈，并且参与主持了一个学生论坛——"校园生活"。

我在网络的海洋中尽情地遨游，视野开阔了，自信心也增强了，我觉得自己一下子变得成熟起来。

（选自《中外书摘》，小刚文，有改动）

练 习

1. 根据课文内容选择正确答案：

（1）爸爸为什么给"我"买电脑？

    A. 希望"我"长大有出息   B. 让"我"玩电脑游戏

    C. 丰富"我"的生活   D. 给"我"一个相伴的朋友

（2）那年寒假"我"做什么了？

    A. 一直在网上旅行   B. 去了白宫、南极和非洲

    C. 环游了整个世界   D. 参加了一个冬令营

（3）这次冬令营"我"有什么收获？

    A. "我"知道了地球很小

    B. 真正感受到了网络的神奇

    C. 注册了一个互联网络的居民账号

    D. 获得了在家自由上网的权利

（4）电脑网络带给"我"的变化，文中没提到以下哪一点？

    A. 父母改变了对自己的看法   B. 学到了很多知识

    C. 结交了许多朋友   D. 尝到了当成年人的滋味

（5）为什么网上能享受到当成年人的自由？

    A. 在网上大家都绝对平等   B. 上网后"我"变得自信、成熟

    C. 在网上不看重年龄   D. 在网上大家都互不了解

（6）作者没把网络比做什么？

    A. 家庭   B. 好朋友   C. 好老师   D. 大海

2. 选择对下列句子的正确理解：

（1）我家有一台电脑，是爸爸望子成龙的"系列产品"之一。

    A. 为了让"我"成材，爸爸给"我"买了不少东西

    B. 为了让"我"成材，爸爸只给"我"买了电脑

C. "我"家的电脑是爸爸给"我"制作的产品

D. 爸爸为"我"制作了不少成材的产品

(2) 过去除了偶尔玩玩电脑游戏外，我很少去碰它。

A. 以前"我"对电脑有点儿害怕，不敢去碰它

B. 以前"我"对电脑不太感兴趣

C. 以前"我"不会玩电脑

D. 以前电脑很少见

(3) 我们的这次旅行绝不亚于尼尔斯和爱丽丝的任何一次行程。

A. 我们的这次旅行比尼尔斯和爱丽丝的差一点儿

B. 我们的这次旅行不比尼尔斯和爱丽丝的差

C. 我们的这次旅行比尼尔斯和爱丽丝的有趣一点儿

D. 我们的这次旅行比尼尔斯和爱丽丝的更神奇

(4) 现实生活中，在老师的眼里我是个学生，在爸爸妈妈的眼里我永远是个长不大的孩子。

A. 老师和家长总是高高在上　　B. 现实生活中父母不关心"我"

C. 老师对学生不太好　　　　　D. 老师和家长都关心"我"

(5) 在电脑网络中，却没有人知道我是谁，更没有人知道我多大，甚至没有人知道我的性别。

A. 在网上大家互不关心

B. 在网上大家彼此了解得极少

C. 在网上从来不谈年龄和性别

D. 在网上大家都不想知道年龄和性别

(6) 我在网络的海洋中尽情地遨游，视野开阔了，自信心也增强了，我觉得自己一下子变得成熟起来。

A. 网络使"我"非常成熟了　　B. 网络使"我"成熟一点儿了

C. 网络使"我"一下子成熟了　D. 网络使"我"慢慢成熟了

3. 选择恰当的词语填空：

（1）我在知识的_____中尽情地遨游。

    A. 天空   B. 海洋   C. 湖海   D. 大河

（2）上网后，孩子们的眼界_____了。

    A. 开阔   B. 广阔   C. 广大   D. 宽阔

（3）我很少进城，只是在节假日_____去逛逛。

    A. 很少   B. 极少   C. 偶尔   D. 很多

（4）去年暑假，我是在青岛的姨妈家_____的。

    A. 过去   B. 度过   C. 经过   D. 去过

（5）在朋友面前他总是很快乐，_____其实他的内心也有不少苦恼。

    A. 而   B. 却   C. 而且   D. 然后

（6）今年_____冬天他都一直坚持锻炼身体。

    A. 一个   B. 整个   C. 全   D. 整

（7）黄河全长有 5400 公里，是中国有名的长河_____。

    A. 一个   B. 一条   C. 之一   D. 之中

快读部分

生 词

1.	创造	chuàngzào	（动）	create
2.	包办	bāobàn	（动）	take the full responsibility

3.	归纳	guīnà	（动）	summarize
4.	俗气	súqì	（形）	vulgar, in poor taste
5.	夙愿	sùyuàn	（名）	a long-cherished wish
6.	幽默	yōumò	（形）	humorous
7.	葱头	cōngtóu	（名）	onion
8.	大蒜	dàsuàn	（名）	garlic
9.	血缘	xuèyuán	（名）	ties of blood
10.	英雄	yīngxióng	（名）	hero
11.	豪杰	háojié	（名）	person of exceptional ability, hero
12.	偶像	ǒuxiàng	（名）	image, idol
13.	蝙蝠侠	biānfúxiá	（名）	Batman
14.	超人	chāorén	（名）	superman
15.	充满	chōngmǎn	（动）	be filled with, be full of
16.	异域	yìyù	（名）	foreign country
17.	风情	fēngqíng	（名）	local conditions and customs
18.	隐瞒	yǐnmán	（动）	conceal, hide
19.	透露	tòulù	（动）	let other person know
20.	告诫	gàojiè	（动）	warn

注　释

1　**五花八门**　multifarious, of a wide (or rich) variety

形容各种各样，很多。

2　**嫌**　*v.* dislike, be unhappy about

动词，讨厌，不满意。如课文里的句子：

就像我的一位朋友，一直嫌爸妈起的名字太俗气。

3　**钟情于**　be deeply in love with sb. (or sth.)
感情专注于（某一方面）。

4　**帅哥**　handsome young man
长相帅气的小伙子。

5　**妙龄女郎**　pretty young lady
年轻漂亮的女人。

6　**虚实难辨**　hard to tell the true from the false
很难分辨是真是假。

课　文

网　名

字数：587字　　　阅读时间：3分钟　　　答题时间：9分钟

　　恐怕没有几个人愿意在网上公开自己的真名实姓，于是，网名便产生了。上网之前，每个人都会为自己精心挑选、创造一个网名。如果您留心一下就会发现，这些五花八门的网名，比他们爸妈包办的真实姓名可精彩多了。归纳起来，网名大致有以下几种类型：

　　最常见的是理想型网名。这些网民挑选的大都是自己喜欢的字眼儿，比如"小雪""北方""夏子""阿竹"等。就像我的一位朋友，一直嫌爸妈起的名字太俗气，从初中起就钟情于"小雪"这个名字，本以为只能在女儿身上实现自己的夙愿，如今女儿虽无，她自己倒已成了网上的"小雪"。还有一种是幽默型。常选用一些让人觉得好笑的词，如"阿呆""笨笨""大丸子"。有一对兄弟，哥哥网名叫"葱头"，弟弟叫"大蒜"，从中倒也不难看出其"血缘"

关系。也有一些人借用电影或者小说中的英雄豪杰——他们心目中的偶像的名字来作自己的网名，如"蝙蝠侠""超人"之类。另外有些网名借用外国人的名字，这类名字充满异域风情，洋味儿十足。

在网上，人们不但要隐瞒自己的身份、姓名，更有不少人不想透露自己的性别，于是就利用网名（可以说这是隐瞒自己性别的最佳也是最常用的手段）达到以假乱真的目的。有人说，在网上，叫"美女"的十有八九是个男人，叫"帅哥"的说不定是个妙龄女郎；叫"阿丑"的往往长得漂亮，而叫"美眉"的却常常相貌平平。在此告诫各位网民，在网上千万不可以"名"取人，其中真真假假，实在是虚实难辨。

练 习

1. 根据课文内容选择正确答案：

（1）本文谈到几种网名？

　　A. 五种　　　　B. 四种　　　C. 六种　　　D. 三种

（2）网名与真实姓名相比有何不同？

　　A. 网名都很好听　　　　　B. 网名都反映了网民的理想

　　C. 网名都很好玩儿　　　　D. 网名比他们的真名更精彩

（3）为什么要起网名？

　　A. 不喜欢原来的名字　　　B. 网名更精彩

　　C. 想隐瞒自己　　　　　　D. 网名更方便

（4）带有性别字眼儿的网名能反映其性别吗？

　　A. 都与真实性别相反　　　B. 不一定是真的

　　C. 几乎都是假的　　　　　D. 一半是假的

(5) 作者认为叫"美眉"的人外貌如何？
    A. 长相一般   B. 长得比较漂亮
    C. 可能很难看   D. 长得非常美丽

(6) 叫"帅哥"的人怎么样？
    A. 一定很帅气   B. 也许是个姑娘
    C. 一定是个年轻漂亮的姑娘   D. 可能长相一般

(7) 为了隐瞒性别，网民们常常怎么做？
    A. 起与自己性别不相符合的名字   B. 借用电影或小说里的名字
    C. 使用外国人的名字   D. 起一个看不出性别的名字

(8) 在网上为什么不能以"名"取人？
    A. 网名反映的都是假的   B. 网民都想通过网名以假乱真
    C. 网名是隐瞒身份的最佳手段   D. 网名的真假难辨

2. 解释下列句中的画线词语：

(1) 如果您留心一下就会发现，这些五花八门的网名，比他们爹妈包办的真实姓名可精彩多了。

(2) 归纳起来，网名大致有以下几种类型。

(3) 最常见的是理想型网名。这些网民挑选的大都是自己喜欢的字眼儿。

(4) 从初中起就钟情于"小雪"这个名字。

(5) 本以为只能在女儿身上实现自己的夙愿，如今女儿虽无，她自己倒已成了网上的"小雪"。

(6) 人们不但要隐瞒自己的身份、姓名，更有不少人不想透露自己的性别。

(7) 有不少人不想透露自己的性别，于是就利用网名达到以假乱真的目的。

(8) 可以说这是隐瞒自己性别的最佳也是最常用的手段。

(9) 在网上，叫"美女"的十有八九是个男人，叫"帅哥"的说不定是个妙龄女郎。

(10) 叫"阿丑"的往往长得漂亮，而叫"美眉"的却常常相貌平平。

(11) 在此告诫各位网民，在网上千万不可以"名"取人，其中真真假假，实在是虚实难辨。

补充阅读

　　本周六，首届中国网络小姐大赛北京赛区的分组测试即将结束。由于这次大赛挂上"小姐"二字，总让人感到有些疑惑。几年前，女大学生拒绝选美事件曾经引起广泛的社会讨论。而今天的网络小姐选拔是不是又会让人想到选美？针对记者关于此次大赛目的的提问，组织者回答说："网络小姐并不是选美，参与其中的大都是知识女性，比赛比的是新时代女性的知识、智慧和综合素质。向更多的人普及网络知识，让更多的人感受到网络带来的机遇和乐趣，是我们组办这次活动的目的。"参赛者也说："网络小姐的评选看重的是知识和智慧，而不是容貌，网络小姐应该能体现现代知识女性的风貌。"

1. 根据课文内容回答下列问题：

（1）"网络小姐大赛"比什么？在社会上会有什么积极的影响？

_____

（2）这次比赛和选美比赛有什么区别？

_____

2. 根据课文内容判断正误：

（1）女大学生反对这次比赛用"小姐"两个字。　　　　　　（　　）

（2）参赛者一般都需要有一定的网络知识。　　　　　　　（　　）

细读部分

生 词

1.	悠闲	yōuxián	（形）	leisurely and carefree
2.	自在	zìzai	（形）	free, unrestrained
3.	增进	zēngjìn	（动）	enhance
4.	屋檐	wūyán	（名）	eaves
5.	了如指掌	liǎo rú zhǐ zhǎng		know sth. like the palm of one's hand
6.	心灵	xīnlíng	（名）	heart, soul, spirit
7.	忙碌	mánglù	（形）	busy
8.	支出	zhīchū	（名）	expenses, expenditure
9.	压力	yālì	（名）	pressure
10.	嗓门儿	sǎngménr	（名）	voice
11.	埋怨	mányuàn	（动）	complain
12.	摆脱	bǎituō	（动）	free (or extricate) oneself from
13.	背景	bèijǐng	（名）	background
14.	憧憬	chōngjǐng	（动）	yearn for, look forward to
15.	舒心	shūxīn	（形）	comfortable, happy

注　释

1　腰酸背疼　have a sore waist and an aching back—be aching all over
形容身体非常劳累的感觉。

2　彼此　each other, one another
代词，指代双方。如课文里的句子：

两人家内家外忙了一天，累得腰酸背疼，彼此间说话的嗓门儿越来越高……

3　一成不变　always the same, invariable
一经形成，永不改变。

课　文

常出去走走

字数：490字　　　阅读时间：5分钟　　　答题时间：15分钟

恋爱时，恋人总爱双双对对地出入于公园，在林间悠闲自在地散步，身处鸟语花香之间，从而加深了解，增进情感，最终走到同一个屋檐下。随着结婚日久，两人互相已了如指掌，除了与日常生活相关的话语之外，心灵的交流也就少了。特别是有了孩子之后，家务增多了，妻子更忙碌了；随着支出的增加，丈夫负担重了，心理压力也更大了。两人家内家外忙了一天，累得腰酸背疼，彼此间说话的嗓门儿越来越高，相互间的埋怨也会越来越多，白天难有笑脸，晚上躺下便睡，哪儿还有工夫交流！缺乏交流，爱的花朵就容易被风吹落。

有空儿，特别是应该忙中抽空儿，放下家中的一切事情，常出去走走，到草地林间换换环境，到暖融融的阳光下，欣赏一下红花绿叶，在鸟语花香中暂时摆脱生活中的一切烦恼和压力。常出去走走，换一换生活的背景，因为一成不变的背景会使人失去感觉，在不同的背景下，人会产生不同的心情。一家人并肩走在美丽的大自然中，互相交流一下，聊聊生活的感受和对未来的憧憬，可以增进双方的了解和感情。明天即使依然忙碌，也会忙得舒心，忙得快乐。

（选自《北京晚报》，陆健文，有改动）

练 习

1. 根据课文内容选择正确答案：

（1）作者认为：

A. 有空儿的时候应常出去走走

B. 应抽时间出去走走

C. 有红花绿叶的时候应出去走走

D. 恋爱时应常出去走走

（2）有了孩子后，家庭会有什么变化？

A. 妻子家务更多了　　　　B. 丈夫压力变大了

C. 夫妻俩更辛苦了　　　　D. 妻子家务一下子增多了

（3）为什么夫妻交流越来越少？

A. 相互不了解了　　　　B. 彼此不再相爱

C. 讨厌对方了　　　　D. 双方压力太大

（4）常出去走走有什么好处？

A. 可以减轻压力，增进感情　　B. 可以换换生活的背景

C. 可以呼吸到新鲜的空气　　　D. 可以摆脱忙碌的生活

2. 解释下列句中的画线词语：

(1) <u>恋人</u>总爱<u>双双对对</u>地<u>出入</u>于公园……<u>最终</u>走到<u>同一个屋檐下</u>。

(2) 随着结婚<u>日久</u>，两人互相已<u>了如指掌</u>。

(3) 两人<u>家内家外</u>忙了一天，累得腰酸背疼，<u>彼此间</u>说话的嗓门儿越来越高。

(4) 白天<u>难有笑脸</u>，晚上躺下便睡，<u>哪儿还有工夫交流</u>！

(5) 缺乏交流，<u>爱的花朵就容易被风吹落</u>。

(6) <u>一成不变</u>的背景会使人失去感觉。

(7) 聊聊生活的感受和对未来的<u>憧憬</u>。

(8) 明天即使<u>依然</u>忙碌，<u>也会忙得舒心</u>，忙得快乐。

3. 选择恰当的词语填空：

(1) 恋爱时，恋人总爱双双对对地_____于公园。

　　A. 出现　　　　B. 出入　　　　C. 出去　　　　D. 出来

(2) 在林间悠闲自在地散步，身处鸟语花香之间，_____加深了解，_____情感。

　　A. 从而　　　　B. 从此　　　　C. 因此　　　　D. 而且

　　A. 增加　　　　B. 增添　　　　C. 增进　　　　D. 增大

(3) 到草地林间_____环境，到暖融融的阳光下，欣赏一下红花绿叶。

　　A. 改变　　　　B. 换换　　　　C. 变化　　　　D. 变成

(4) 互相交流一下，聊聊生活的_____和对未来的憧憬。

　　A. 感受　　　　B. 感觉　　　　C. 感情　　　　D. 想法

(5) 明天_____依然忙碌，也会忙得舒心，忙得快乐。

　　A. 不管　　　　B. 不论　　　　C. 既然　　　　D. 即使

快读部分

生 词

1.	乱七八糟	luànqībāzāo	（形）	in great disorder
2.	厌倦	yànjuàn	（动）	be weary of, be tired of
3.	法院	fǎyuàn	（名）	court
4.	传票	chuánpiào	（名）	(court) summons
5.	轮流	lúnliú	（动）	take turns, do sth. in turn
6.	擦拭	cāshì	（动）	wipe, clean
7.	井井有条	jǐngjǐng yǒu tiáo		in perfect order
8.	失眠	shī mián	（动）	(suffer from) insomnia, be sleepless
9.	窥视	kuīshì	（动）	peep at

注 释

1 **一尘不染** spotlessly clean
形容环境非常清洁。

2 **言情剧** TV drama with a romantic story
内容为男女爱情的戏剧、电视剧。

3 **发呆** stare blankly
指做某事太专心，对别的事情完全不注意。

4 **民事审判庭** civil court
负责审理民事案件的法庭。

5 各自 each, respectively

代词，指各人自己。如课文里的句子：

第二天，他们各自早早出了门。

6 原封不动 be left intact, remain untouched

保持原来的样子，一点儿也不改变。

7 其实 *adv.* actually, in fact

副词，表示所说的是实际情况。如课文里的句子：

其实，他们都去了法院，只是各自躲在暗处窥视对方。

课 文

离婚的理由

字数：448字　　阅读时间：3分钟　　答题时间：8分钟

他俩离婚的理由很简单。他嫌她太懒，屋里整天乱七八糟的，洗衣机里的衣服不"溢"出来从不肯开机；她嫌他笨，连个自行车都不会修，水龙头坏了也得求人修。他们三天一吵，五天一闹，日子久了，彼此都厌倦了，于是他们想离婚。

在等待法院传票的日子里，他们各居一室，客厅每日轮流打扫。她的房间每天擦拭得一尘不染，布置得井井有条。他也不知道怎么就学会了修自行车，水龙头也再没出过毛病。平日里不大爱看电视的他每晚都要守在客厅里直到"再见"，她也渐渐喜欢看足球了，而不是只对言情剧发呆。

法院传票终于下来了——明早九点，民事审判庭3室。那天夜里他们都失眠了。第二天，他们各自早早出了门，晚上天快黑了他们才各自回到家。回到家后，他写了张纸条（自从提出离婚，他们就没有了语言交流），递给她：你为什么不到庭？她只扫了一眼，在纸条上轻轻点了点，又把纸条原封不动地还给他。他们相视而笑。

其实，他们都去了法院，只是各自躲在暗处窥视对方。其实，他们现在谁也不想离婚，因为他们谁也提不出离婚的理由了。

有的时候，年轻的夫妇想离婚就这么简单！

练 习

1. 选择对下列句子的正确理解：

(1) 他们三天一吵，五天一闹，日子久了，彼此都厌倦了。

    A. 他们常常吵架   B. 他们一吵就是三天

    C. 他们五天吵一次架   D. 他们天天吵架

(2) 平日里不大爱看电视的他每晚都要守在客厅里直到"再见"。

    A. 妻子不说"再见"他就不离开客厅

    B. 他一直都很喜欢看电视

    C. 他现在每天看电视看到很晚

    D. 他跟妻子说了"再见"才离开客厅

(3) 她也渐渐喜欢看足球了，而不是只对言情剧发呆。

    A. 她现在最喜欢看足球

    B. 现在她除了言情剧不看别的

    C. 现在她不太喜欢看言情剧了

    D. 以前她只喜欢看言情剧

(4) 自从提出离婚，他们就没有了语言交流。

    A. 提出离婚后，他们从来不交流任何事

    B. 提出离婚后，他们就没有共同语言了

    C. 提出离婚后，他们彼此不再说话

    D. 提出离婚后，他们一直谈论这件事

(5) 有的时候，年轻的夫妇想离婚就这么简单！

  A. 年轻的夫妇想离婚却很难办到

  B. 年轻的夫妇有时会因一点儿小事闹离婚

  C. 年轻的夫妇动不动就离婚

  D. 年轻的夫妇把离婚想得太简单

2. 根据课文内容判断正误：

(1) 他们俩并没有离婚的理由。   (   )

(2) 妻子总是等到洗衣机里的衣服多得放不下了才去洗。 (   )

(3) 提出离婚后，夫妇俩每天分别打扫客厅。   (   )

(4) 妻子现在每天把他们的家收拾得井井有条。 (   )

(5) 一提出离婚，妻子就喜欢看足球了。   (   )

(6) 那天，他们都去了民事审判庭。   (   )

(7) 提出离婚后，他们各自开始改变自己。   (   )

3. 词语填空：

（　）花（　）门　　　　　　（　）语（　）香

（　）有八（　）　　　　　　乱（　）（　）糟

（　）（　）有条　　　　　　原封（　）（　）

（　）尘（　）染　　　　　　（　）（　）指掌

补充阅读

  前些年住平房时，挨着我住的一家邻居是一对年轻的夫妻带着一个两岁多的小男孩，我们两家的关系挺不错。这家的男主人是个大大咧咧、爱说爱笑的人。记得有一天休息，上午没事，我们坐在院里聊天。他妻子对他说："家里没葱了，你去买点儿葱，顺便带两袋奶回来。"小伙子答应一声抬腿就往外走。走得快回来得也快，没过几分钟空着两手回来了。他妻子问："你买的东西呢?"他拍拍衣服兜笑道："忘带钱了。"他进屋拿了钱刚要走，我说："你骑我的车去吧，还快点儿。"他点点头推起车就走了。

过了大约十几分钟，只见他哼着歌，手里拿着大葱回来了。他妻子见了忙问："大哥的车呢?"他先一愣，然后拍着脑门说："嘿！我都忘了是骑车去的，车子可能是丢在市场了。"他妻子赶紧又问："让你买的奶呢?"他笑道："一定是买葱时忘在人家菜摊上了。"妻子生气地喊道："还不快去把大哥的车找回来!"这时他的小孩也要一块儿去，他妻子连忙说："别去，不然待会儿还得找你去。"她这一说，我们都笑了。

（选自《北京晚报》，李祥云文，有改动）

根据课文内容回答下列问题：

(1) 课文里提到的两家人的关系怎么样？为什么？

_____

(2) 邻居家的男主人要去买什么？他第一次忘了什么？

_____

(3) 第二次他又忘了什么？丢了什么？

_____

(4) 妻子为什么不让孩子去？

_____

(5) 邻居家的男主人是个什么样的人？

_____

第九课　Lesson 9

细读部分

生　词

1.	旗袍	qípáo	（名）	cheongsam, a close-fitting woman's dress with high neck and slit skirt
2.	繁华	fánhuá	（形）	prosperous
3.	胡同	hútong	（名）	lane, alley
4.	清静	qīngjìng	（形）	quiet
5.	作坊	zuōfang	（名）	workshop
6.	络绎不绝	luòyì bù jué		in an endless stream
7.	缝纫机	féngrènjī	（名）	sewing machine
8.	电熨斗	diànyùndǒu	（名）	electric iron
9.	家当	jiādang	（名）	family belongings, property
10.	从业	cóngyè	（动）	be engaged in
11.	便装	biànzhuāng	（名）	everyday clothes, informal dress
12.	和善	héshàn	（形）	kind
13.	得体	détǐ	（形）	appropriate, suitable
14.	做工	zuògōng	（名）	workmanship
15.	精细	jīngxì	（形）	fine, well-tailored
16.	光顾	guānggù	（动）	(used by a shop owner or a shop assistant) patronize

17.	应接不暇	yìng jiē bù xiá		have more(visitors or business) than one can attend to
18.	包装	bāozhuāng	(动、名)	pack(commodities); package
19.	珍藏	zhēncáng	(动)	collect(art treasures, etc.)
20.	手艺	shǒuyì	(名)	workmanship, craftmanship
21.	接班	jiē bān	(动)	succeed

专　名

1.	东单	Dōngdān	name of a place in Beijing
2.	灯市口	Dēngshìkǒu	name of a place in Beijing

注　释

1　**闹中取静**　seek peace and quiet in noisy surroundings

虽然身处喧闹的环境，却仍能获得个人的某种清静生活。

2　**针线活儿**　needlework, sewing

缝纫、刺绣等工作的总称。

3　**打交道**　come into contact with, have dealings with

交往；联系。如课文里的句子：

老伴自 22 岁嫁到曹家，就在这间小屋和旗袍、针线活儿打交道。

4　**为(wéi)人**　behave, conduct oneself

指做人处世的态度。如：

为人和善　为人正直

我们都知道他的为人。

81

课 文

夫妻旗袍店

字数：701 字　　　阅读时间：8 分钟　　　答题时间：16 分钟

曹老先生的这个小小的旗袍店真是闹中取静：它位于胡同深处，东边就是东单服饰街，离繁华的商业街王府井也不远。但由于曹老先生的这个小小的旗袍店，它所在的北京灯市口干面胡同不可能清静。

一见面，72 岁的曹老先生先递给我名片，上面除姓名、地址、电话外，还有四个字"专做旗袍"。就这四个字和这里间卧室、外间作坊的 20 多平方米灰砖青瓦老屋，吸引了络绎不绝的中外顾客。

一个裁衣案，一台老式脚踏缝纫机和一把 60 年代的电熨斗，是他们夫妇做活儿的全部家当。11 岁学艺的曹老先生从业已 60 余年，老伴自 22 岁嫁到曹家，就在这间小屋和旗袍、针线活儿打交道。早年间，中国一些京剧大师的戏装、便装，大多都出自他们之手。虽说现在穿旗袍的不比以前多了，可对它感兴趣的人却不少，加上两位老人为人和善、裁剪得体、做工精细，所以每日光顾的客人令夫妇俩应接不暇。

这些年，不少在北京的留学生毕业前都找到这里，做上一件旗袍：我们是学中国文化的，让中国传统文化再把我们"包装"一下，更有意义。一些来华工作的外国人也常来旗袍店。两位老人最高兴的是近几年来做旗袍的中国年轻人多起来了，他们觉得旗袍既有中国特色，穿上又好看。一对年轻人来此做了三件旗袍，他们说，这是为结婚而做的礼服，"我们在旗袍和洋服之间选择了前者。旗袍是我们中华民族的服装文化的一个代表，今后珍藏起来是艺术品"。

还有一位专门研究民族服饰文化的女士，从东北找到这里，跟曹老先生聊了好几天，临走还做了好几件旗袍带回去……

虽然年纪大了，老两口也感到身体大不如前，可他们不想退下来，他们已经把做旗袍当做自己生活的一部分了。

现在，他们已经把这做旗袍的手艺传给了女儿，老人说，今后，这手艺就靠她来接班了。

（选自《人民画报》，解琛文，有改动）

练 习

1. 根据课文内容回答下列问题：

（1）曹老先生的家在东单的什么地方？

_____

（2）曹老先生今年多大年纪了？

_____

（3）曹老先生的店为什么受欢迎？

_____

（4）文中谈到哪几种人常光顾曹老先生的旗袍店？

_____

（5）为什么现在喜欢旗袍的人又多起来了？

_____

2. 根据课文内容选择正确答案：

（1）曹老先生住的胡同为什么不清静？

    A. 靠近东单服饰街   B. 离商业繁华的王府井太近

    C. 在胡同深处   D. 有曹老先生的旗袍店

（2）曹老先生的店受欢迎的原因，文中没谈到以下哪一点？

    A. 为人和善   B. 价格合理

    C. 裁剪得体   D. 做工精细

(3) 曹老先生的旗袍店为什么生意好？

    A. 中国人喜欢穿旗袍   B. 对旗袍感兴趣的人很多

    C. 外国人都喜欢旗袍   D. 京剧大师常常光顾

(4) 外国人觉得旗袍：

    A. 是中国文化的一种代表   B. 是中国的代表

    C. 可以更好地包装自己   D. 包含着很多意义

(5) 令曹老先生感到高兴的是：

    A. 来旗袍店的中国年轻人多了   B. 来旗袍店的外国留学生多了

    C. 来旗袍店的京剧大师多了   D. 来华工作的外国人来旗袍店的多了

3. 解释下列句中的画线词语：

(1) 曹老先生的这个小小的旗袍店虽处胡同深处，却吸引了络绎不绝的中外顾客。

(2) 中国一些京剧大师的戏装、便装，大多都出自他们之手。

(3) 每日光顾的客人令夫妇俩应接不暇。

(4) 临走还做了好几件旗袍带回去。

(5) 老两口也感到身体大不如前。

快读部分

生 词

1.	百姓	bǎixìng	（名）	common people
2.	遥远	yáoyuǎn	（形）	faraway

3.	神秘	shénmì	(形)	mysterious
4.	闲聊	xiánliáo	(动)	chat
5.	热乎	rèhu	(形)	warm and friendly
6.	鹦鹉	yīngwǔ	(名)	parrot
7.	和睦	hémù	(形)	harmonious
8.	举办	jǔbàn	(动)	hold
9.	扑克	pūkè	(名)	playing cards, Poker
10.	烟花	yānhuā	(名)	fireworks

专 名

1.	挪威	Nuówēi		Norway
2.	里格默尔	Lǐgémò'ěr		name of a person
3.	瑞士	Ruìshì		Switzerland

注 释

1 **玩意儿** thing
也作"玩艺儿"。指东西、事物。如课文里的句子：
(它们）在外国游客眼里都是新鲜玩意儿。

2 **四合院** compound with houses around a square courtyard
一种有代表性的北方民居，四面是屋子，中间是院子。

3 **尊老爱幼** respect the old and take care of the young
尊敬老人，爱护儿童。

4 **扭秧歌** do the *yangge* dance; *yangge*(dance), a popular rural folk dance
秧歌是主要流行于北方农村的一种民间舞蹈。跳这种舞叫扭秧歌。

85

5 二锅头 a strong, colorless liquor from sorghum（so called because it is distilled twice）

一种较纯的白酒。

走入寻常百姓家

字数：561字　　阅读时间：3.5分钟　　答题时间：9分钟

登过了长城，逛过了故宫，在挪威一家旅行社工作的里格默尔女士还是觉得中国很遥远，很神秘。她很想知道，在地球的这一边，人们究竟是怎么生活的。

就这样，她走进了北京西旧帘子胡同的李大妈家。两人通过导游的翻译闲聊起来。说着说着，李大妈提到了自己的儿子、女儿和外孙，里格默尔女士情不自禁地拿出随身带着的家庭相册给李大妈看：

"这是我儿子，今年15岁，正上中学呢。"

"个儿真高"，李大妈说，"我那俩儿子也不矮呀……"

两个人谈得越来越热乎。

抱着和里格默尔女士一样的想法，越来越多的游客走进了普普通通的小胡同，走进了中国的寻常百姓家。

小胡同中的小饭馆、理发店，四合院的门楼、砖雕，院里种的花草，屋檐下的鹦鹉笼，窗前的金鱼缸……在外国游客眼里都是新鲜玩意儿。当然他们最感兴趣的，还是现代化的电器怎么摆进祖先留下的古老房屋，四合院里十几户居民怎么和睦相处，四世同堂的人家怎么尊老爱幼……

有位日本记者要住进小胡同，过一天老北京市民的生活：早晨四点钟起来，听胡同里的第一声响，到公园去打太极拳，到早市去买菜，回"家"做饭，晚上到街上扭秧歌。还有一对瑞士青年要在中国居民家中举办中国式婚礼。有一百多位外国老人甚至提出要在大年三十住进几十户中国百姓家里，和他们一起包饺子，喝二锅头，打扑克，放烟花……

走入了寻常百姓家，中国就不再遥远，不再神秘，不再陌生。

（选自《人民画报》，一苇文，有改动）

练 习

1. 根据课文内容回答下列问题：

（1）除了名胜古迹，外国人还想了解中国的哪个方面？

_____

（2）通常老北京市民的一天是怎样过的？

_____

（3）了解中国普通人生活的最佳途径是什么？

_____

（4）对胡同，外国人最感兴趣的是什么？

_____

（5）中国百姓怎么过年？

_____

2. 解释下列句中的画线词语：

（1）她很想知道，<u>在地球的这一边</u>，人们究竟是怎么生活的。

（2）<u>说着说着</u>，李大妈提到了自己的儿子、女儿和外孙。

（3）两个人谈得<u>越来越热乎</u>。

（4）越来越多的游客走进了普普通通的小胡同，走进了中国的<u>寻常百姓家</u>。

（5）在外国游客眼里都是<u>新鲜玩意儿</u>。

(6) 四合院里十几户居民怎么<u>和睦相处</u>。

3. 根据下列每句话的意思说出合适的成语：

(1) 来往的人连续不断。　　（　　　　　）

(2) 事情很多，来不及应付。　（　　　　　）

(3) 感情激动，控制不住自己。（　　　　　）

(4) 大家相处得很好。　　（　　　　　）

(5) 对事物了解得非常清楚。　　（　　　　　）

(6) 房间收拾得非常干净。　　（　　　　　）

补充阅读

踢毽子

儿女都在外面建了新家。家里只有我们老夫妻俩，日子长了，就觉得有点儿单调、寂寞。

一日，妻买回一只鸡。一见那亮丽的羽毛，便想起少年时代的游戏：踢毽子。我对妻说："给我几根鸡毛。"妻问："干啥？"我说："做几个毽子踢踢。"妻笑："哟，头发都白了，你以为自己还是十几岁的少年啊？"妻随手给了我几根鸡毛。三五分钟，毽子就做成了。

啪，啪，啪……我踢了起来。一，二，三……我数着数儿。

在我们老家，男的、女的都喜欢踢毽子，这是乡里年轻男女一项既省钱又有情趣的体育活动，也为年轻男女相识相爱提供了机会。我和妻子就是踢毽子踢出了感情好上的。

听见啪啪声，妻从厨房跑了过来，一见那翻飞的毽子，顿时露出了笑脸，说："我来试试。"两人面对面，你踢给我，我踢给你，一只毽子就像燕子翩翩翻飞。踢着踢着，妻提起了当年的事情："记得吗？那次你踢输了，就要赖，不肯伸手背给我打。"我说："手背没给你打，耳朵不是让你揪了吗？"妻一听，"扑哧"一声乐了。此后，有空儿的时候，我和妻就踢踢毽子，踢得身子热乎乎，心头乐滋滋，活动了手脚，日子也多了几分滋味，添了几分情趣。

（选自《北京晚报》《毽子踢出少年情》，万叠云文，有改动）

根据课文内容判断正误：

（1）有一天，妻子买了一只鸡，"我"请人用鸡毛做了一只毽子。（　　）

（2）"我"和妻子年轻时一起踢过毽子。　　　　　　　　　　（　　）

（3）踢毽子在农村是一项很普遍的体育活动。　　　　　　　（　　）

（4）踢毽子消除了这一对老夫妇生活的寂寞。　　　　　　　（　　）

第十课　Lesson 10

细读部分

生　词

1.	腻烦	nìfan	（动）	be bored
2.	精明	jīngmíng	（形）	shrewd
3.	加紧	jiājǐn	（动）	step up, speed up
4.	研制	yánzhì	（动）	develop
5.	预言	yùyán	（动）	predict, foretell
6.	行驶	xíngshǐ	（动）	（of a vehicle, ship, etc.）go, drive
7.	角度	jiǎodù	（名）	angle
8.	核心	héxīn	（名）	core
9.	漆	qī	（名）	paint
10.	反射	fǎnshè	（动）	reflect
11.	色彩	sècǎi	（名）	color
12.	变幻	biànhuàn	（动）	change irregularly
13.	视觉	shìjué	（名）	vision
14.	愉悦	yúyuè	（形、动）	joyful; make sb. happy
15.	旁观	pángguān	（动）	look on, be an onlooker
16.	警方	jǐngfāng	（名）	police
17.	好感	hǎogǎn	（名）	good impression
18.	时髦	shímáo	（形）	fashionable

19.	事故	shìgù	（名）	accident
20.	逃跑	táopǎo	（动）	run away, escape
21.	千差万别	qiān chā wàn bié		differ greatly
22.	人为	rénwéi	（形）	artificial
23.	破案	pò àn	（动）	solve a case, crack a criminal case
24.	难度	nándù	（名）	degree of difficulty

注　释

1　款　*a measure word for styles*
量词。多用于书面语。如：
两款不同颜色的车　五款西式点心

2　喜新厌旧　love the new and loathe the old—be fickle in one's affections
喜欢新的，厌弃旧的。

3　琥珀(hǔpò)色　the color of amber
像琥珀（amber）的颜色。琥珀呈淡黄色、褐色或红褐色。

4　假如　*conj.* if, supposing, in case
连词。如果。如课文里的句子：
假如有大批人赶这个时髦，公路上将充满颜色变幻不定的汽车。

5　目击者　eyewitness, witness
亲眼看到某个事故、事件的人。

课 文

变色汽车向我们驶来

字数：576 字　　阅读时间：6 分钟　　答题时间：12 分钟

　　购买汽车的时候，极少有人能够像买衣服那样，能在看中两款不同颜色的车后一齐买下。如果腻烦了车子的颜色，想把它换成别样的，也不是件轻松的活儿。精明的车商看准了年轻消费者喜新厌旧的心理，正在加紧研制一种会变色的汽车。专家预言，用不了几年，人们就能看到一种在公路上快速行驶时车身颜色不断变化的汽车。

　　"变色汽车"的颜色并不是真的在变化，只是从不同角度看上去车身颜色不一样。其核心技术在于新型车漆，使汽车向不同的角度反射不同颜色的光，就可以达到"变色"的效果。目前，欧、美、日的各大汽车制造商都在研制这种油漆，并已取得初步成功。

　　据某汽车公司设计者说，当你在公路上远远地看到一辆汽车驶来时，先是紫色的；慢慢靠近时，它会变成红色；从你面前驶过时，它是黑色；走出不远，又变成绿色；最后，当它远远离去时，又成了琥珀色。车身色彩变幻不定，给人一种视觉上的享受。遗憾的是，正如漂亮衣服是为了愉悦别人的眼目而穿，变色汽车的这种效果也只有旁观者才看得见，在司机本人眼中，这辆车始终是黑色的。

　　交通管理部门和警方对变色汽车缺乏好感，明确表示不欢迎这种车上市。假如有大批人赶这个时髦，公路上将充满颜色变幻不定的汽车，极易分散驾车者的注意力，影响他们对路况和信号灯的准确判断，造成交通事故。此外，如果变色车在发生交通事故后逃跑，目击者对其颜色的说法将千差万别，这就人为地为破案增加了难度。

（选自《北京晚报》，杨峻文，有改动）

练 习

1. 根据课文内容选择正确答案：

(1) 变色汽车与一般汽车相比有何不同？

    A. 一辆变色汽车有不同颜色的车漆

    B. 变色汽车的车漆颜色千变万化

    C. 变色汽车的车漆与众不同

    D. 变色汽车的颜色消费者可自由选择

(2) 车商为什么要研制变色汽车？

    A. 有不少人喜欢两款不同颜色的汽车

    B. 不同的人喜欢不同颜色的车

    C. 人们有喜新厌旧的心理

    D. 变色汽车能给人带来视觉上的享受

(3) 变色汽车的研制情况如何？

    A. 已取得成功　　　　　B. 还没有什么进展

    C. 取得了一些成果　　　D. 马上就要成功了

(4) 对变色汽车来说，最重要的技术是什么？

    A. 能变色　　　　　　　B. 新型的车漆

    C. 能反光　　　　　　　D. 能快速驾驶

(5) 当一辆变色汽车在你跟前时，它可能是什么颜色？

    A. 黑色　　　　　　　　B. 红色

    C. 绿色　　　　　　　　D. 紫色

(6) 对变色汽车可能造成的不良后果，不包括以下哪个方面？

    A. 促使人们赶时髦　　　B. 增加交通事故的破案难度

    C. 影响驾车者的注意力　D. 造成交通事故

2. 解释下列句中的画线词语：

（1）在<u>看中</u>两款不同颜色的车后<u>一齐</u>买下。

（2）精明的车商看准了年轻消费者<u>喜新厌旧</u>的心理，正在<u>加紧</u>研制一种会变色的汽车。

（3）<u>其核心技术</u>在于新型车漆，使汽车向不同的角度反射不同颜色的光。

（4）变色汽车的这种效果也只有<u>旁观者</u>才看得见。

（5）在司机本人眼中，这辆车<u>始终</u>是黑色的。

（6）假如有大批人<u>赶这个时髦</u>，公路上将充满<u>颜色变幻不定</u>的汽车。

（7）<u>极易分散驾车者的注意力</u>，影响他们对<u>路况</u>和信号灯的准确判断。

（8）<u>目击者</u>对其颜色的说法将<u>千差万别</u>。

快读部分

生　词

1.	看待	kàndài	（动）	look on, regard
2.	陌生	mòshēng	（形）	strange, unfamiliar
3.	学历	xuélì	（名）	education background
4.	知晓	zhīxiǎo	（动）	know
5.	趋势	qūshì	（名）	trend, tendency
6.	兴起	xīngqǐ	（动）	rise, emerge
7.	完善	wánshàn	（形）	perfect
8.	兴旺	xīngwàng	（形）	prosperous, flourishing
9.	参考	cānkǎo	（动）	refer to

| 10. | 招揽 | zhāolǎn | (动) | solicit (customers or business) |
| 11. | 制约 | zhìyuē | (动) | constrain |

注 释

1 **主力军** main (or principal) force
比喻起主要作用的力量。

2 **大专** universities and colleges, abbreviation for 大专院校
指大学和专科学院。

3 **新生事物** newly-emerged thing
新出现的事物。

4 **尚** *adv.* still, yet
副词。还。多用于书面语。如：
　　为时尚早　尚不清楚

5 **诸如** such as
举例时使用的词语，放在所举例子的前面，表示不止一个例子。如课文里的句子：
　　诸如商品种类、能否及时送货等等。

6 **指日可待** can be expected soon, be just round the corner
（事情、希望等）不久就可以实现。

7 **物美价廉** (of a commodity) of excellent quality and reasonable price
东西好，价格也便宜。

8 **并非** *adv.* definitely not, actually not
副词。语气较强的否定词。如课文里的句子：
　　学历的高低并非是决定性的制约因素。

课 文

网上购物

字数：740字　　阅读时间：4分钟　　答题时间：10分钟

如今网上购物在中国早已不是什么新鲜事，然而在网上购物兴起之初，却经历了一个逐渐为人们认识的过程。请看下文。

你如何看待网上购物？

1. 你听说过网上购物吗？　　　　　　　　　　□是　□否
2. 你上过网上购物网站吗？　　　　　　　　　□是　□否
3. 你在网上买过东西吗？　　　　　　　　　　□是　□否
4. 如果网上购物比商场购物便宜，你会选择前者吗？
　　　　　　　　　　　　　　　　　　　　　□是　□否
5. 如果你不方便上网，你会请别人帮你在网上购物吗？
　　　　　　　　　　　　　　　　　　　　　□是　□否

本报上周登出以上关于"你如何看待网上购物"的调查表后，得到广大读者的热心支持。调查显示的结果令人鼓舞：绝大多数人都知道网上购物这种购物方式，但只有少数人真正到网上买过东西。可以说，对于网上购物，人们是既熟悉又陌生。

参与本次调查的人年龄范围为15岁到62岁，其中35岁以下的青年人占77.6%，是网上消费的主力军。74.1%的被调查者拥有大专以上学历。具体分析如下：

第一，所有被调查者都听说过网上购物，这表明网上购物这一新生事物已被大多数人所知晓，真正的网上生活将成为一种必然趋势。

第二，很多人上过购物网站，但看客居多，真正买的人并不多，第2项和第3项问题回答"是"的百分比分别是79.3%和

13.8%。这一方面说明网上购物刚刚兴起，人们尚需一个逐步适应的过程，另一方面也说明目前的网上商店尚有一些不完善之处，诸如商品种类、能否及时送货等等。只要解决好这些问题，网上商店的兴旺应指日可待。

第三，"网上商店价格相对便宜"，这一点对于大多数人来讲，有着相当的吸引力，有96.6%的人会因此而到网上购物。因而，这一点对于网上商店的参考价值颇大，物美价廉是最好的招揽顾客的方式。

第四，占74.1%的被调查者有大专以上学历，但也不乏初中、高中学历者。这表明，学历的高低并非是决定性的制约因素，总有一天，上网对于老百姓来说，会像骑自行车一样普通。

(选自《北京青年报》，亚马文，有改动)

练 习

1. 根据课文内容选择正确答案：

（1）网上购物对被调查者来说：

A. 很新鲜，没听说过　　　　　B. 绝大多数人听说过

C. 少数人听说过　　　　　　　D. 都听说过

（2）网上购物的主要对象是：

A. 15岁到62岁的人　　　　　B. 有大专学历的人

C. 初中、高中生　　　　　　　D. 青年人

（3）人们上购物网站主要是：

A. 买东西　　　　　　　　　　B. 看看

C. 适应一下　　　　　　　　　D. 赶时髦

(4) 目前网上购物可能存在的问题，文中没提到的是：

  A. 东西太贵   B. 送货不及时

  C. 商品种类少   D. 人们还不太适应

(5) 上网买东西的人占被调查者的：

  A. 96.6%   B. 13.8%

  C. 79.3%   D. 74.1%

(6) 网上购物对人们最大的吸引力是：

  A. 商品质量有保证   B. 种类丰富

  C. 东西相对便宜   D. 送货及时

(7) 从本次调查来看，网上购物：

  A. 刚刚兴起   B. 受学历高低制约

  C. 像骑自行车一样普通   D. 变得不可缺少

2. 选择恰当的词语填空：

(1) 本报上周登出以上_____ "你如何看待网上购物" 的调查表。

  A. 关于   B. 对于   C. 有关于   D. 关系

(2) 调查显示的结果令人_____：绝大多数人都知道网上购物这种购物方式。

  A. 鼓励   B. 鼓舞   C. 鼓劲   D. 鼓动

(3) 参与本次调查的人年龄范围为 15 岁到 62 岁，_____35 岁以下的青年人占 77.6%。

  A. 其中   B. 里面   C. 这里   D. 其他

(4) 74.1% 的被调查者拥有大专以上学历。具体分析_____：……

  A. 下面   B. 是下   C. 如下   D. 在下

(5) 这_____网上购物这一新生事物已被大多数人所知晓。

  A. 表明   B. 表示   C. 表白   D. 表现

（6）一方面说明网上购物刚刚兴起，人们_____需一个逐步适应的过程……

　　　A. 很　　　　B. 而且　　　　C. 并且　　　　D. 尚

（7）目前的网上商店尚有一些不完善之处，_____商品种类、能否及时送货等等。

　　　A. 好像　　　B. 就像　　　　C. 诸如　　　　D. 诸多

（8）_____解决好这些问题，网上商店的兴旺应指日可待。

　　　A. 只有　　　B. 只是　　　　C. 只要　　　　D. 既然

（9）"网上商店价格相对便宜"，这一点对于大多数人来讲，有着_____的吸引力，有96.6%的人会因此而到网上购物。

　　　A. 相当　　　B. 非常　　　　C. 坚强　　　　D. 热烈

（10）占74.1%的被调查者有大专以上学历，但也_____初中、高中学历者。

　　　A. 不少　　　B. 不乏　　　　C. 不缺　　　　D. 不仅

（11）这表明，学历的高低_____是决定性的制约因素。

　　　A. 并且　　　B. 难得　　　　C. 并不是　　　　D. 并非

3. 这两篇课文中共有11处出现"……者"，请你快速阅读一遍，找出这样的词语，并指出其中哪一个与其他10个不同。

补充阅读

"您来设计我实现"，这是一些家电企业最近提出的新口号。

一般家电产品都是企业生产什么，消费者选择什么。而"您来设计我实现"，即是以消费者为家电设计的主体，每个消费者可通过与企业或销售商的接触和沟通，提出自己对家电产品的要求，包括性能、款式、色彩、大小等等，消费者把这些信息传达给企业，企业的设计人员将及时提取和吸收这些信息，以消费者的主流需求作参考，为消费者生产更具个性化和更具实用性的家电产品。这样的话，消费者实际上是主动参与了企业的设计和生产。这一口号也许能使"消费者永远是第一位的"不再是一句空话。

根据课文内容判断正误：

(1) 未来的家电行业可能更注重产品的个性化。　　　　　　（　　）

(2) "您来设计我实现"的意思是说消费者可以为企业设计产品。（　　）

(3) 只有企业了解消费者的需求，"消费者永远是第一位的"才
　　能成为事实。　　　　　　　　　　　　　　　　　　（　　）

细读部分

生　词

1.	错综	cuòzōng （形）	crisscross, intricated
2.	不知所措	bù zhī suǒ cuò	be at a loss
3.	行进	xíngjìn （动）	march forward, go
4.	缓慢	huǎnmàn （形）	slow
5.	启动	qǐdòng （动）	(of a train, machine, etc.) start
6.	铃铛	língdang （名）	small bell
7.	声响	shēngxiǎng （名）	sound
8.	感受	gǎnshòu （动）	experience, feel
9.	唯一	wéiyī （形）	only
10.	街市	jiēshì （名）	downtown street
11.	都市	dūshì （名）	big city, metropolis
12.	鲜明	xiānmíng （形）	clear-cut, distinct
13.	对照	duìzhào （动）	contrast
14.	开发	kāifā （动）	develop
15.	观光	guānguāng （动）	go sightseeing
16.	大厦	dàshà （名）	mansion
17.	狭窄	xiázhǎi （形）	narrow
18.	鳞次栉比	lín cì zhì bǐ	row upon row (of houses, etc.)

| 19. | 风味 | fēngwèi | （名） | local delicacies |
| 20. | 快捷 | kuàijié | （形） | quick, fast |

专　名

| 铜锣湾 | Tóngluówān | name of a place in Hong Kong |

注　释

1 有轨电车　tramcar
一种用于城市公共交通的旧式电车，在轨道上行驶。

2 交通工具　means of transportation
运输用的车辆、船只和飞机等。

3 黄金路线　the Golden Route, the best route of a journey
"黄金"这里比喻宝贵或最好的事物。如：
　　黄金路线　黄金时间　黄金时代

4 绿树成荫　green trees make a shade
树叶茂盛，形成可以遮挡阳光的树荫。

5 购物天堂　Shopping Paradise
"天堂"比喻非常适合从事某项活动的地方或场所。如：
　　购物天堂　度假天堂

6 有……之称　be known as
具有某种称号。如：
　　香港有"购物天堂"之称。
　　新加坡有"东方威尼斯"之称。

7　**不妨**　*adv.* might as well

副词。表示可以这样做。如课文里的句子：

　　到了香港，要想快捷地了解香港，不妨去坐坐铛铛车。

课　文

铛铛车上看香港

字数：547字　　　阅读时间：6分钟　　　答题时间：15分钟

　　初到香港，对香港错综复杂的地名和街道，真有点儿不知所措。有朋友告诉我，你要了解香港，就去乘铛铛车。铛铛车是香港的一种老式有轨电车。这种车行进缓慢，因启动、停站时司机用脚踩动铃铛，发出"铛铛"的声响而得名。此车随乘客方便设站，近的相隔不到百米，远的也仅百余米。后门上车，前门下车，不论远近，每位每次仅一元六角，相当便宜。坐在车上感受窗外的世界，确实也是一种享受。

　　铛铛车自1904年正式在港岛投入使用，已有近百年的历史，是香港唯一还保留使用的古老交通工具。从岛东北到岛西北的十几公里间，铛铛车带着乘客从港岛繁华的街市中间穿过，与现代都市形成鲜明的对照。由于铛铛车途经众多名胜古迹和繁华街市，成为港岛旅游购物的黄金路线。香港旅游局开发的铛铛车游港岛，就是让外来的观光客乘着铛铛车，了解香港的昨天、今天和明天。太古城居民区的高层居民楼，绿树成荫的维多利亚公园，有"购物天堂"之称的铜锣湾，香港的最高建筑"中环广场"（77层，高374米），金钟街的中银大厦、力宝中心、汇丰银行等大厦，上环狭窄街道上鳞次栉比的中小型商店……有人告诉我，在铜锣湾你可以尝遍世界各地的风味，要买电器最好到上环，等等，等等。

　　见到的太多，要说的也太多了。最后还是借用我朋友的那句话，到了香港，要想快捷地了解香港，不妨去坐坐铛铛车。

（选自《人民画报》，曾湘敏文，有改动）

练 习

1. 根据课文内容判断正误：

（1）对于香港复杂的地名和街道，人们总是感到不知所措。　　（　　）

（2）坐铛铛车是了解香港的最快捷的途径。　　（　　）

（3）铛铛车由于在行进中发出"铛铛"的声响而得名。　　（　　）

（4）铛铛车行驶得并不慢，只是站与站之间的距离很短。　　（　　）

（5）铛铛车是香港唯一的古老交通工具。　　（　　）

（6）坐铛铛车旅游购物可以节省许多时间和金钱。　　（　　）

（7）从某种意义上来说，铛铛车是一种旅游观光车。　　（　　）

（8）如果想了解香港的昨天和今天，坐铛铛车不能不说是一种最佳的选择。　　（　　）

（9）铛铛车已有一百多年的历史了。　　（　　）

2. 选择恰当的词语填空：

（1）对香港错综复杂的地名和街道，真有点儿＿＿＿＿＿＿。

　　A. 无能为力　　　B. 毫无办法　　　C. 不知所措　　　D. 不知所云

（2）这种车行进缓慢，因启动、停站时司机用脚踩动铃铛，发出"铛铛"的声响＿＿＿＿＿＿得名。

　　A. 就　　　　　B. 而　　　　　C. 后　　　　　D. 才

（3）＿＿＿＿＿＿远近，每位每次仅一元六角，相当便宜。

　　A. 不论　　　　B. 就是　　　　C. 虽然　　　　D. 既然

（4）坐在车上＿＿＿＿＿＿窗外的世界，确实也是一种享受。

    A. 感受   B. 感到   C. 感觉   D. 感想

（5）铛铛车带着乘客从港岛繁华的街市中间＿＿＿＿＿，与现代都市形成鲜明的对照。

    A. 走过   B. 经过   C. 穿过   D. 过去

（6）要想快捷地了解香港，＿＿＿＿＿去坐坐铛铛车。

    A. 不能   B. 不必   C. 不可   D. 不妨

3. 根据所给的意思，在课文中找出相应的词或词组：

非常慢——

不知道怎么办好——

最好的路线——

买东西最好的地方——

旧的样式——

路上经过——

宽度很小——

4. 文中提到不少铛铛车沿途经过的地名、建筑名，请快速挑出来。

快读部分

生 词

1.	例外	lìwài	（动）	be an exception

2.	修建	xiūjiàn	（动）	build, construct
3.	增添	zēngtiān	（动）	add
4.	喜庆	xǐqìng	（形）	joyous, jubilant
5.	气氛	qìfēn	（名）	atmosphere
6.	传送	chuánsòng	（动）	convey, deliver
7.	噪音	zàoyīn	（名）	noise

专　名

1.	交道口	Jiāodào Kǒu	name of a place in Beijing
2.	平安大街	Píng'ān Dàjiē	name of a street in Beijing
3.	德胜门	Déshèng Mén	name of a place in Beijing

注　释

1　中国七大古都　seven famous ancient capitals in China
指中国古代曾作为国都的七个最著名的城市，即北京、西安、洛阳、咸阳、开封、南京和杭州。

2　更（gēng）鼓　night watchman's drum
旧时的报时工具。旧时一夜分成五更，每更大约两小时。到时敲鼓报时叫"打更"。

3　除夕夜　New Year's Eve
中国农历一年最后一天的夜晚。

4　中轴路　the central axis（of a city）
这里指位于北京市区正中的南北向大街。

课 文

钟楼和鼓楼

字数：480字　　阅读时间：3分钟　　答题时间：9分钟

在古代作过国都的城市如南京、西安等，鼓楼或钟楼都曾用来向人们报告时间。中国七大古都之一的北京也不例外。

在北京城北部，有两座古老的建筑：一座叫鼓楼，一座叫钟楼。鼓楼是在500多年前修建的。当时，楼上有24面很大的牛皮鼓。管报时的人定时敲响这些更鼓，向全城的百姓报告时间。

钟楼是在200多年前重新修建的，高约33米。钟楼上有一口大铜钟。据了解，这口古钟是目前中国发现的最大的钟，一直作为老北京报时之用。过去，每天晚上7点，管钟的人敲响铜钟，大家就知道已经到晚上了。到了早晨，管钟人也要敲钟，报告一天的开始。这口古钟自1924年起停止使用。

北京的钟楼于1999年12月31日晚敲响古钟200声迎接2000年的到来。这是钟楼的古钟自1990年重新使用以来首次在元旦敲响。1990年开始，历年的除夕夜敲响古钟，为新春增添喜庆气氛。在接受记者采访时，北京钟鼓楼文物保管所的一位人士介绍说，现在北京的高层建筑比较多，这必然影响到古钟声音的传送，而且钟声还要受到当时风向和周围噪音的影响。但东至交道口，南到平安大街，西到德胜门，北到中轴路，在这个范围之内听到钟声是没有问题的。

练 习

1. 根据课文内容判断正误：

（1）南京、西安也有钟楼和鼓楼，但与北京不同的是它们是用来报时的。

（　　）

（2）北京城钟楼的出现远远早于鼓楼。 （ ）

（3）鼓楼上有 24 面牛皮鼓，早上与晚上定时向人们报告时间。 （ ）

（4）钟楼上的大钟是目前世上发现的最大的钟。 （ ）

（5）钟楼上的大铜钟高约 33 米。 （ ）

（6）钟楼上的古钟于 1924 年停止使用。 （ ）

（7）2000 年钟楼上的古钟重新敲响，恢复了使用。 （ ）

（8）现在每年的除夕之夜钟楼会敲响古钟，向人们报时。 （ ）

2. 根据课文内容回答下列问题：

（1）中国有几大古都？

_____

（2）以前鼓楼、钟楼的主要作用是什么？

_____

（3）北京的钟楼停止使用了多长时间？

_____

（4）北京的钟楼现在什么时候敲钟？

_____

（5）现在敲响古钟的主要目的是什么？

_____

（6）古钟声音的传递受哪些因素的影响？

_____

补充阅读

　　时下，野外旅游已经受到许多人的欢迎，但野外旅游若不小心，就很容易迷失方向。遇到这种情况，你千万不能心慌着急，只要你冷静观察一下周围的景物，就会在大自然中找到许多识别方向的标志。

你可以在林中找到一棵树桩，根据它的年轮来识别方向，因为其年轮总是南面的宽而北面的窄。你可以观察一棵独立的树，其南侧的树枝茂盛而北侧的稀疏。

你可以根据蚂蚁洞穴来识别方向，因为蚂蚁的洞口大都是朝南的。

在岩石众多的地方，你也可以找一块较醒目的岩石来观察，岩石上布满青苔的一面是北侧，干燥光秃的一面则是南侧。

如果是在星光灿烂的夜晚，则可以根据星星来识别方向，具体办法是：先找到天上的北斗星，沿着其"勺柄"找到第六与第七颗星，将这两颗星连接成一条直线，并在这条连线的延长线上找到比较明亮的一颗北极星，正好指示着从南到北的方向。

如果是在冬天，则可以观察山沟或者建筑物来确定方向。由于日照的原因，积雪难以融化的部位总是朝向北面的。

（选自《中国青年报》，谢意文）

根据课文内容回答下列问题：

（1）在野外旅游容易遇到什么问题？

_____

（2）文章中提供了几种在野外识别方向的方法？

_____

（3）夜里能看见星星的时候，你可以如何识别方向？

_____

（4）山上、房屋上还有些积雪，你如何利用这一点识别方向？

_____

第十二课　Lesson 12

细读部分

生词

1.	家务	jiāwù	(名)	household duties
2.	疲倦	píjuàn	(形)	tired
3.	料理	liàolǐ	(动)	handle
4.	负担	fùdān	(名)	burden
5.	贤妻良母	xián qī liáng mǔ		a good wife and loving mother
6.	行业	hángyè	(名)	industry
7.	保安	bǎo'ān	(名)	security
8.	难得	nándé	(形)	seldom, rare
9.	看望	kànwàng	(动)	call on, visit
10.	居住	jūzhù	(动)	live
11.	走红	zǒu hóng	(动)	be popular
12.	共鸣	gòngmíng	(动)	arouse the same feeling
13.	随着	suízhe	(介)	with
14.	休闲	xiūxián	(动)	take a leisurely life
15.	人满为患	rén mǎn wéi huàn		overcrowded with people
16.	声称	shēngchēng	(动)	declare
17.	媒体	méitǐ	(名)	media
18.	借故	jiègù	(动)	find an excuse

19.	溜走	liūzǒu	(动)	sneak off, slip out
20.	兴致	xìngzhì	(名)	interest, mood to do sth.
21.	瘪	biě	(形)	shrivelled, shrunken
22.	团圆	tuányuán	(动)	reunion (of family members)
23.	值班	zhí bān	(动)	be on duty
24.	见识	jiànshi	(名)	experience, knowledge

注 释

1 "十一" National Day, October 1
即十一国庆节，简称"十一"。

2 问卷调查 questionnaire survey
是指用书面问卷的形式调查收集某类数据，然后通过整理分析得出结论。

3 趁 *prep.* take advantage of（time, opportunity, etc.）
介词。利用（时间、机会等）。如：
趁此机会　趁这个空闲

4 一大堆 a pile of（things）
表示数量很多。如：
一大堆家务活儿　一大堆麻烦事

5 非要……才…… have to, simply must
"非"在这个句式中和"才"呼应，表示一定要具备某一条件才能怎么样。如课文里的句子：
很多家务活儿非要等到休息日才有时间和精力来料理。

6 节假日 festivals and holidays
节日和假日的合称。

7 **必不可少** absolutely necessary
一定不能缺少的。

8 **派上用场** put to use, turn to account
可以用上；有使用的机会。

9 **个体劳动者** self-employed laborer (or worker)
从事个体经营的人。

10 **国有企业** state-owned enterprise
"国有"即国家所有。

课 文

（一）北京市民怎么过"十一"？

字数：1495字　　阅读时间：18分钟　　答题时间：25分钟

过了"十一"，一上班人们最常问的一句话就是："'十一'上哪儿玩去了？"这个"十一"北京市民究竟是怎么度过的呢？本报就这个问题进行了一次问卷调查。

"十一"放假时间较长，大家平时工作都很累，因此趁此机会休息一下就成了人们的首选。82%的被访者决定在"十一"放假的这几天里"在家休息"一下。

然而，在家是否就能够休息呢？回答是：不一定！

还有34%的被访者承认，在家还得做家务。有人说："休息其实比上班累，一大堆家务活儿干也干不完！"实际上这是因为人们平时上班太忙了，下了班又十分疲倦，很多家务活儿非要等到休息日才有时间和精力来料理。

在干家务活儿这一点上，女性的负担就重得多，在节假日打算做家务的被访者中四分之三是女性。这些"贤妻良母"和一部分"贤夫良父"一起加入"十一"放假期间仍在劳动不息的"劳动大军"。

另外一部分不能好好在家休息的人们在"十一"还安排了工作和学习。有些工作是越过节越累的，比如服务行业、保安人员等等，他们往往要在人们放假的时间里加班工作，没有他们，大家就不能好好过节。

对于平时工作太忙的人们来讲，难得有机会可以走走亲戚。52%的被访者安排了"串亲戚"的活动。

许多人趁放假会去看望不在一起居住的老人，那首号召人们"常回家看看"的歌曲能够走红，恐怕就是引起了人们的共鸣吧。

随着人们生活的改善，旅游已经成为人们节假日休闲的主要选择，对生活在大都市中的人们来说，有机会走近大自然真是太难得了。46%的被访者认为一年中最适合旅游的假期就是"十一"了。"十一"对北京地区而言正是一年中天气最好的时候之一，不冷不热，正好又是假期，怪不得各个旅游点到了这时候都是人满为患。

在"十一"期间，50%的被访者选择了外出旅游。其中，88%的人或考虑到时间原因或考虑到经济原因，选择到郊外旅游；12%的人则决定好好玩一玩，选择去外地旅游。

33%的被访者要用一到两天的时间外出旅游。他们选择的多是到郊外玩，而不是到外地。

过"十一"，做买卖的商人们大概也是赶上了忙的时候，不少人的购物欲望在节假日是最强的。20%的被访者声称，过"十一"，购物活动是必不可少的。在打算购物的人当中，女性占了75%以上。有的媒体曾经教丈夫在陪妻子购物时如何"搞破坏"，包括借故溜走不付钱、破坏她的购物兴致和上街不带钱包等等。据说这样可以减慢钱包瘪下去的速度。这些方法，如今不少人或许可以派上用场了。

（二）众说"十一"

苏小姐（学生）：我应该抓紧时间学习。

杨女士（退休）：好像过个星期天，和儿女吃顿团圆饭。

张小姐（学生）：外面人太多，我在家休息，和朋友、家人玩，听音乐，看书。

杜女士（机关干部）：在家做家务。

丁先生（个体劳动者）：我的社会活动特多，工作忙。

赵女士（国有企业职工）：和周末差不多，带孩子出去玩。

李先生（学生）：和平常一样，就是假期变长了，可以出去玩，参加社会活动。

陈女士（国有企业职工）：我们全家出去旅游。

胡先生（国有企业职工）：工作忙。

邹先生（个体劳动者）：希望像小时候一样，在家陪父母。

周先生（国有企业职工）：除了值班就是看望老人。看望老人是有意义的事。

侯先生（退休）：和大伙儿一起谈谈国家大事，领孩子出去玩。

田先生（学生）：帮父母做家务。

刘女士（国有企业职工）：加班。

孙先生（三资企业职工）：出去玩两天。

杨女士（机关干部）：可能会参加一些社会活动，像游园等。

李女士（国有企业职工）：比较轻松，与家人一起交流交流感情，干干活儿，出去旅游，长长见识。

王女士（机关干部）：感觉人很多，车很多，去哪儿都很累。

徐小姐（学生）：在家劳动，收拾房间。

李女士（个体劳动者）：休息休息，放松一下身体。与朋友聚一聚，交流一下感情。

（选自《北京青年报》，有改动）

练 习

1. 根据课文内容选择正确答案：

（1）本次调查中，对节日期间的活动人们选择最多的是：

A. 外出旅行　　　　　　B. 在家休息

C. 做家务　　　　　　　D. 购物

（2）在节日里不能好好休息的人群不包括：

A. 家庭主妇　　　　　　B. 保安人员

C. 服务行业的人　　　　D. 陪妻子购物的丈夫

（3）"十一"期间外出旅游的不足之处是：

A. 假期太短　　　　　　B. 天气不冷也不热

C. 旅游景点人太多　　　D. 不是一年中最好的季节

（4）在"十一"期间，有不少人打算购物，其中男士占：

A. 20%　　　　B. 75%　　　　C. 25%　　　　D. 15%

2. 根据课文内容回答下列问题：

（1）这是一次关于什么的调查？

_____

（2）为什么对某些人来说放假比上班还累？

_____

（3）在节日里哪些人不能好好休息？

_____

（4）"十一"期间人们从事的活动都有哪些？

_____

（5）在外出旅游中，人们选择最多的是去哪儿？

_____

3. 根据课文内容填空：

(1) 这个"十一"北京市民究竟是怎么_____的呢？本报_____这个问题进行了一次问卷调查。

(2) "十一"放假时间较长，大家平时工作都很累，因此_____此机会休息一下就成了人们的首选。

(3) 因为人们平时上班太忙了，下了班_____十分疲倦，很多家务活儿非要等到休息日_____有时间和精力来料理。

(4) 在干家务活儿这一点上，女性的_____就重得多。

(5) 有些工作是越过节越累的，_____服务行业、保安人员等等。

(6) _____平时工作太忙的人们来讲，_____有机会可以走走亲戚。

(7) 那首号召人们"常回家看看"的歌曲能够走红，恐怕就是引起了人们的_____吧。

(8) _____人们生活的改善，旅游已经_____人们节假日休闲的主要选择。

(9) 46%的被访者认为一年中最_____旅游的假期_____"十一"了。

(10) 他们选择的多是到郊外玩，_____不是到外地。

4. 解释下列句中的画线词语：

(1) "十一"放假时间较长，大家平时工作都很累，因此趁此机会休息一下就成了人们的首选。

(2) 休息其实比上班累，一大堆家务活儿干也干不完！

(3) 这些"贤妻良母"和一部分"贤夫良父"一起加入"十一"放假期间仍在劳动不息的"劳动大军"。

(4) 52%的被访者安排了"串亲戚"的活动。

(5) "十一"对北京地区而言正是一年中天气最好的时候之一……怪不得各个旅游点到了这时候都是人满为患。

5. "十一" 期间可能有相当一部分人选择待在家里，在《众说"十一"》中找出这样的言论。

补充阅读

(一)

中国的少数民族除了有自己独特的传统节日以外，由于各民族生活的地区不同，风俗习惯各异，在服装上也有明显的区别。比如，生活在东北兴安岭大森林里的鄂伦春族以打猎为生，他们喜欢用兽皮缝制衣裤靴帽；生活在草原上的蒙古族，经常骑马游牧，所以穿宽大的羊皮蒙古袍，腰间还缠上宽宽的腰带，这样上下马就非常方便。青藏高原昼夜温差大，藏族的袍子可以只穿左边的袖子，天热了，也可以把两只袖子都脱下来，缠在腰部。生活在中国西南地区的苗族、彝族、瑶族、傣族妇女，或是穿短裙，或是穿长裙，这和那里的气候比较温暖有着很大的关系。另外，维吾尔族不分男女，都爱戴漂亮的小花帽，而回民爱戴白色或黑色的小圆帽。

(二)

将每间教室都联上因特网，已成为许多发达国家面向未来的教育选择。开设信息技术课程，对于中国城市和经济较发达地区来说比较容易，但对于边远山区，尤其是贫困地区，则存在许多具体的困难。当我们给自己的电脑不断升级，深感生活中不能没有电脑的时候，或许不会想到：在一些贫困地区，对多数孩子来说，电脑还只是一个遥远的梦想。

　　贫困地区的师生们对电脑的期盼心情是不难想见的，但是靠他们自身的力量改变现状又相当困难。这就需要我们像关注"希望工程"那样，像关注自己的孩子那样，关注贫困地区孩子的信息技术教育。为此，我们向社会各界发出倡议：伸出我们的援助之手，捐出闲置的电脑和可以使用的旧电脑，帮助贫困地区中小学建立电脑教室。

根据课文内容判断正误：

（1）第一段课文主要介绍中国少数民族独特的传统节日。　　　（　　）

（2）少数民族服装的样式有的与气候有关。　　　　　　　　　（　　）

（3）第二段课文对援助贫困地区的教育事业提出了倡议。　　　（　　）

（4）开设信息技术课程，在中国贫困地区难以靠自身的力量加以实现。

　　　　　　　　　　　　　　　　　　　　　　　　　　　　（　　）

（5）倡议要求人们向贫困地区捐献钱和电脑。　　　　　　　　（　　）

生词表

A

安置	ānzhì	（动）	4
遨游	áoyóu	（动）	7

B

拔尖	bájiān	（形）	6
摆弄	bǎinòng	（动）	2
摆脱	bǎituō	（动）	8
百姓	bǎixìng	（名）	9
包办	bāobàn	（动）	7
包装	bāozhuāng	（动、名）	9
保安	bǎo'ān	（名）	12
保健	bǎojiàn	（动）	3
背景	bèijǐng	（名）	8
蝙蝠侠	biānfúxiá	（名）	7
编织	biānzhī	（动）	6
变幻	biànhuàn	（动）	10
变卖	biànmài	（动）	4
便装	biànzhuāng	（名）	9
瘪	biě	（形）	12
病毒	bìngdú	（名）	5
病菌	bìngjūn	（名）	5

播报	bōbào	（动）	6
播发	bōfā	（动）	4
博物馆	bówùguǎn	（名）	1
不禁	bùjīn	（副）	5
不知所措	bù zhī suǒ cuò		11

C

擦拭	cāshì	（动）	8
采访	cǎifǎng	（动、名）	4
参考	cānkǎo	（动）	10
参与	cānyù	（动）	7
差距	chājù	（名）	1
插嘴	chā zuǐ	（动）	4
察看	chákàn	（动）	4
常规	chángguī	（名）	3
尝试	chángshì	（动）	3
超人	chāorén	（名）	7
潮流	cháoliú	（名）	3
潮湿	cháoshī	（形）	5
吵架	chǎo jià	（动）	3
承认	chéngrèn	（动）	2
成熟	chéngshú	（形）	7
持续	chíxù	（动）	5
憧憬	chōngjǐng	（动）	8

充满	chōngmǎn	(动)	7	法院	fǎyuàn	(名)	8
宠爱	chǒng'ài	(动)	6	繁华	fánhuá	(形)	9
出席	chūxí	(动)	2	烦恼	fánnǎo	(形、名)	4
传票	chuánpiào	(名)	8	反射	fǎnshè	(动)	10
传送	chuánsòng	(动)	11	分别	fēnbié	(副)	5
传真	chuánzhēn	(名)	3	纷飞	fēnfēi	(动)	5
创造	chuàngzào	(动)	7	奋斗	fèndòu	(名)	3
葱头	cōngtóu	(名)	7	风情	fēngqíng	(名)	7
从业	cóngyè	(动)	9	风味	fēngwèi	(名)	11
搓	cuō	(动)	6	缝纫机	féngrènjī	(名)	9
凑合	còuhe	(动)	2	负担	fùdān	(名)	12
错综	cuòzōng	(形)	11	富裕	fùyù	(形)	3

D

搭配	dāpèi	(动)	6
大厦	dàshà	(名)	11
大蒜	dàsuàn	(名)	7
单纯	dānchún	(形)	1
当场	dāngchǎng	(名)	1
得体	détǐ	(形)	9
电脑	diànnǎo	(名)	3
电熨斗	diànyùndǒu	(名)	9
调查	diàochá	(动)	1
钉子	dīngzi	(名)	2
都市	dūshì	(名)	11
对照	duìzhào	(动)	11

F

发布	fābù	(动)	6

G

干燥	gānzào	(形)	5
感慨	gǎnkǎi	(动、名)	6
感受	gǎnshòu	(动)	11
敢于	gǎnyú	(动)	3
高原	gāoyuán	(名)	5
告诫	gàojiè	(动)	7
根据	gēnjù	(介)	2
跟随	gēnsuí	(动)	2
跟踪	gēnzōng	(动)	4
公民	gōngmín	(名)	1
共鸣	gòngmíng	(动)	12
购买力	gòumǎilì	(名)	1
购置	gòuzhì	(动)	6
刮目相看	guāmù xiāng kàn		2
观光	guānguāng	(动)	11

观念	guānniàn	（名）	3
光顾	guānggù	（动）	9
规律	guīlǜ	（名）	5
归纳	guīnà	（动）	7

H

寒风刺骨	hánfēng cìgǔ		5
寒冷	hánlěng	（形）	5
行列	hángliè	（名）	1
行业	hángyè	（名）	12
豪杰	háojié	（名）	7
好感	hǎogǎn	（名）	10
和睦	hémù	（形）	9
和善	héshàn	（形）	9
核心	héxīn	（名）	10
呼吁	hūyù	（动）	4
胡同	hútong	（名）	9
缓慢	huǎnmàn	（形）	11
回报	huíbào	（动）	3
活蹦乱跳	huó bèng luàn tiào		4
货币	huòbì	（名）	1
获悉	huòxī	（动）	5

J

唧唧喳喳	jījizhāzhā		4
机灵	jīling	（形）	6
寂寞	jìmò	（形）	6
迹象	jìxiàng	（名）	5
家当	jiādang	（名）	9

家务	jiāwù	（名）	12
加紧	jiājǐn	（动）	10
见识	jiànshi	（名）	12
溅	jiàn	（动）	6
讲究	jiǎngjiu	（动）	3
角度	jiǎodù	（名）	10
接班	jiē bān	（动）	9
接收	jiēshōu	（动）	6
街市	jiēshì	（名）	11
结局	jiéjú	（名）	2
结论	jiélùn	（名）	1
借故	jiègù	（动）	12
禁不住	jīnbuzhù	（动）	2
精明	jīngmíng	（形）	10
精细	jīngxì	（形）	9
警方	jǐngfāng	（名）	10
井井有条	jǐngjǐng yǒu tiáo		8
景象	jǐngxiàng	（名）	5
就餐	jiùcān	（动）	3
居民	jūmín	（名）	1
居住	jūzhù	（动）	12
举办	jǔbàn	（动）	9
聚会	jùhuì	（动）	3
捐款	juān kuǎn	（动）	2
绝对	juéduì	（形）	7

K

开办	kāibàn	（动）	1
开发	kāifā	（动）	11

开阔	kāikuò	(形)	2	论坛	lùntán	(名)	7
开朗	kāilǎng	(形)	6	落后	luòhòu	(形)	2
开张	kāizhāng	(动)	6	络绎不绝	luòyì bù jué		9
看	kān	(动)	2				
看不惯	kànbuguàn	(动)	3				

看待	kàndài	(动)	10		**M**		
看望	kànwàng	(动)	12	麻雀	máquè	(名)	4
科技	kējì	(名)	1	埋怨	mányuàn	(动)	8
口音	kǒuyīn	(名)	6	忙碌	mánglù	(形)	8
快捷	kuàijié	(形)	11	盲人	mángrén	(名)	6
窥视	kuīshì	(动)	8	媒体	méitǐ	(名)	12
扩展	kuòzhǎn	(动)	1	描述	miáoshù	(动)	5
				命运	mìngyùn	(名)	3
				陌生	mòshēng	(形)	10

	L				**N**		
来临	láilín	(动)	4	难得	nándé	(形)	12
揽	lǎn	(动)	6	难度	nándù	(名)	10
唠叨	láodao	(动)	4	嫩	nèn	(形)	6
冷落	lěngluò	(动)	4	腻烦	nìfan	(动)	10
例外	lìwài	(动)	11	年迈	niánmài	(形)	6
凉爽	liángshuǎng	(形)	5	暖融融	nuǎnróngróng	(形)	5
了如指掌	liǎo rú zhǐ zhǎng		8	诺言	nuòyán	(名)	6
料理	liàolǐ	(动)	12				
鳞次栉比	lín cì zhì bǐ		11				
铃铛	língdang	(名)	11		**O**		
溜走	liūzǒu	(动)	12	偶像	ǒuxiàng	(名)	7
流动	liúdòng	(动)	5				
流落	liúluò	(动)	2				
留神	liú shén	(动)	6		**P**		
乱七八糟	luànqībāzāo	(形)	8	判断	pànduàn	(动)	2
轮流	lúnliú	(动)	8	旁观	pángguān	(动)	10

疲倦	píjuàn	（形）	12
贫困	pínkùn	（形）	2
贫穷	pínqióng	（形）	2
平均	píngjūn	（形）	5
破案	pò àn	（动）	10
扑克	pūkè	（名）	9

Q

漆	qī	（名）	10
期待	qīdài	（动）	5
奇妙	qímiào	（形）	7
旗袍	qípáo	（名）	9
启动	qǐdòng	（动）	11
气氛	qìfēn	（名）	11
气温	qìwēn	（名）	5
洽谈	qiàtán	（动）	4
千差万别	qiān chā wàn bié		10
欠债	qiàn zhài	（动）	2
强迫	qiǎngpò	（动）	2
倾家荡产	qīng jiā dàng chǎn		4
清静	qīngjìng	（形）	9
蜷缩	quánsuō	（动）	4
趋势	qūshì	（名）	10
确切	quèqiè	（形）	3
群体	qúntǐ	（名）	3

R

嚷	rǎng	（动）	4
热乎	rèhu	（形）	9

人满为患	rén mǎn wéi huàn		12
人情味儿	rénqíngwèir	（名）	1
人士	rénshì	（名）	2
人为	rénwéi	（形）	10
人员	rényuán	（名）	3

S

嗓门儿	sǎngménr	（名）	8
色彩	sècǎi	（名）	10
善良	shànliáng	（形）	6
设施	shèshī	（名）	1
身份	shēnfen	（名）	4
申请	shēnqǐng	（动、名）	1
神秘	shénmì	（形）	9
甚至	shènzhì	（副）	4
声称	shēngchēng	（动）	12
声响	shēngxiǎng	（名）	11
失眠	shī mián	（动）	8
时髦	shímáo	（形）	10
时装	shízhuāng	（名）	3
事故	shìgù	（名）	10
视觉	shìjué	（名）	10
视野	shìyě	（名）	7
收藏	shōucáng	（动、名）	1
收养	shōuyǎng	（动）	4
手艺	shǒuyì	（名）	9
舒心	shūxīn	（形）	8
俗气	súqì	（形）	7
夙愿	sùyuàn	（名）	7
随着	suízhe	（介）	12

T

踏踏实实	tātashíshí		2
探望	tànwàng	（动）	6
逃跑	táopǎo	（动）	10
淘气	táoqì	（形）	2
提供	tígōng	（动）	4
体系	tǐxì	（名）	3
通常	tōngcháng	（副）	3
统计	tǒngjì	（名）	1
投资	tóuzī	（动、名）	1
透露	tòulù	（动）	7
团体	tuántǐ	（名）	1
团圆	tuányuán	（动）	12

W

外婆	wàipó	（名）	6
完毕	wánbì	（动）	6
完美	wánměi	（形）	4
完善	wánshàn	（形）	10
完整	wánzhěng	（形）	3
网络	wǎngluò	（名）	7
微不足道	wēi bù zú dào		3
唯一	wéiyī	（形）	11
温暖	wēnnuǎn	（形）	5
文物	wénwù	（名）	1
闻讯	wénxùn	（动）	4
问世	wènshì	（动）	1
屋檐	wūyán	（名）	8

无限	wúxiàn	（形）	5
无忧无虑	wú yōu wú lǜ		4

X

稀少	xīshǎo	（形）	3
喜庆	xǐqìng	（形）	11
狭窄	xiázhǎi	（形）	11
鲜明	xiānmíng	（形）	11
闲聊	xiánliáo	（动）	9
贤妻良母	xián qī liáng mǔ		12
显示	xiǎnshì	（动）	1
现场	xiànchǎng	（名）	4
现状	xiànzhuàng	（名）	3
羡慕	xiànmù	（动）	4
线索	xiànsuǒ	（名）	4
相对	xiāngduì	（形）	1
享受	xiǎngshòu	（动）	7
项目	xiàngmù	（名）	2
消费	xiāofèi	（名）	1
效率	xiàolǜ	（名）	3
孝顺	xiàoshùn	（形）	4
心理	xīnlǐ	（名）	3
心灵	xīnlíng	（名）	8
信息	xìnxī	（名）	4
兴起	xīngqǐ	（动）	10
兴旺	xīngwàng	（形）	10
形成	xíngchéng	（动）	3
行进	xíngjìn	（动）	11
行驶	xíngshǐ	（动）	10

行为	xíngwéi	（名）	3
兴致	xìngzhì	（名）	12
修建	xiūjiàn	（动）	11
休闲	xiūxián	（动）	12
宣布	xuānbù	（动）	6
学历	xuélì	（名）	10
血缘	xuèyuán	（名）	7
寻常	xúncháng	（形）	5
巡回	xúnhuí	（动）	2

Y

压力	yālì	（名）	8
烟花	yānhuā	（名）	9
严冬	yándōng	（名）	5
沿海	yánhǎi	（名）	5
炎热	yánrè	（形）	5
研制	yánzhì	（动）	10
眼界	yǎnjiè	（名）	2
厌倦	yànjuàn	（动）	8
遥控	yáokòng	（动）	6
遥远	yáoyuǎn	（形）	9
移动	yídòng	（动）	5
宜人	yírén	（形）	5
意识	yìshi	（名）	3
异口同声	yì kǒu tóng shēng		2
异性	yìxìng	（名）	3
异域	yìyù	（名）	7
隐瞒	yǐnmán	（动）	7
鹦鹉	yīngwǔ	（名）	9
英雄	yīngxióng	（名）	7

应接不暇	yìng jiē bù xiá		9
硬朗	yìnglang	（形）	6
拥挤	yōngjǐ	（形）	6
拥有	yōngyǒu	（动）	1
勇气	yǒngqì	（名）	3
幽默	yōumò	（形）	7
悠闲	yōuxián	（形）	8
愉悦	yúyuè	（形、动）	10
与众不同	yǔ zhòng bù tóng		6
预报	yùbào	（动、名）	5
预测	yùcè	（动）	5
预计	yùjì	（动）	5
预言	yùyán	（动）	10
援助	yuánzhù	（动）	2
岳母	yuèmǔ	（名）	6

Z

噪音	zàoyīn	（名）	11
责备	zébèi	（动）	4
增进	zēngjìn	（动）	8
增添	zēngtiān	（动）	11
账号	zhànghào	（名）	7
招揽	zhāolǎn	（动）	10
珍藏	zhēncáng	（动）	9
真诚	zhēnchéng	（动）	2
震动	zhèndòng	（动）	4
支出	zhīchū	（名）	8
知晓	zhīxiǎo	（动）	10
值班	zhí bān	（动）	12
值钱	zhíqián	（形）	1

稚气	zhìqì	（形）	6	追求	zhuīqiú	（动）	3
制约	zhìyuē	（动）	10	自在	zìzai	（形）	8
中心	zhōngxīn	（名）	5	走红	zǒu hóng	（动）	12
主持	zhǔchí	（动）	7	走散	zǒusàn	（动）	2
嘱咐	zhǔfu	（动）	2	宗教	zōngjiào	（名）	1
注册	zhù cè	（动）	7	作坊	zuōfang	（名）	9
专题	zhuāntí	（名）	1	琢磨	zuómo	（动）	2
转化	zhuǎnhuà	（动）	5	做工	zuògōng	（名）	9

第一课

细读部分

1. 根据课文内容选择正确答案：

（1）C　　　（2）D　　　（3）D　　　（4）A　　　（5）B　　　（6）B

2. 选择对下列句子的正确理解：

（1）B　　　（2）B　　　（3）C　　　（4）D

3. 选择最接近下列画线词语意思的解释：

（1）A　　　（2）B　　　（3）A　　　（4）B　　　（5）A　　　（6）A

（7）C

快读部分

1. 根据课文内容选择正确答案：

（1）D　　　（2）B　　　（3）C　　　（4）A　　　（5）A　　　（6）D

（7）C

2. 选择恰当的词语填空：

（1）D　　　（2）C　　　（3）A　　　（4）B　　　（5）D　　　（6）B

第二课

细读部分

1. 根据课文内容选择正确答案：

（1）C　　　（2）C　　　（3）C　　　（4）A　　　（5）B　　　（6）A

2. 选择对下列句子的正确理解：

（1）A　　　（2）C　　　（3）D　　　（4）A

3. 选择最接近下列画线词语意思的解释：

（1）A　　　（2）A　　　（3）A　　　（4）A　　　（5）D　　　（6）A

快读部分

1. 根据课文内容选择正确答案：

（1）B　　　（2）C　　　（3）C　　　（4）A

3. 词语连线:

周游　　　　　下降
来自　　　　　词语
摆弄　　　　　开阔
养成　　　　　世界
琢磨　　　　　山区
记下　　　　　电器
眼界　　　　　演出
耽误　　　　　习惯
巡回　　　　　见闻
成绩　　　　　功课

补充阅读

根据课文内容判断正误:

(1)(×)　　　　(2)(×)　　　(3)(√)

第三课

细读部分

1. 根据课文内容选择正确答案:

(1) D　　(2) C　　(3) A　　(4) C　　(5) C　　(6) C
(7) C

2. 根据课文内容选择,"新人类"的以下哪些行为表现是中老年人看不惯的?

(1) 自由主义习气　(2) 动不动就跳槽　(3) 过夜生活　(4) 好用新词汇
(5) 讲究新款名牌服装

3. 选择合适的词语填空:

(1) 进行　(2) 就餐　(3) 服用　(4) 归　(5) 收听　(6) 主
(7) 占　(8) 打破　看不惯　(9) 群体　起

快读部分

1. 根据课文内容判断正误:

(1)×　　(2)√　　(3)√　　(4)√　　(5)×　　(6)√
(7)×　　(8)×　　(9)√　　(10)√

2. 选择恰当的词语填空:

(1) C　　(2) A　　(3) D　　(4) A　　(5) A　　(6) C
(7) D　　(8) B

第四课

细读部分

1. 根据课文内容选择正确答案：

（1）A　　　（2）A　　　（3）D　　　（4）A　　　（5）D　　　（6）A

3. 选择恰当的词语填空：

（1）C　　　（2）A　　　（3）D　　　（4）B　　　（5）A　　　（6）B

（7）C

快读部分

1. 根据课文内容选择正确答案：

（1）D　　　（2）B　　　（3）B　　　（4）A　　　（5）B

2. 选择最接近下列画线词语意思的解释：

（1）D　　　（2）A　　　（3）B　　　（4）A　　　（5）D　　　（6）D

（7）A

第五课

细读部分

1. 根据课文内容选择正确答案：

（1）A　　　（2）A　　　（3）D　　　（4）B

2. 根据课文内容判断正误：

（1）×　　　（2）√　　　（3）×　　　（4）×　　　（5）×　　　（6）√

（7）×

4. 选择恰当的词语填空：

（1）D　　　（2）B　　　（3）C　　　（4）A　　　（5）A　　　（6）B

（7）C　　　（8）A

快读部分

1. 根据课文内容选择正确答案：

（1）D　　　（2）C　　　（3）C　　　（4）D　　　（5）D

2. 选择恰当的词语填空：

（1）A　　　（2）B　　　（3）D　　　（4）D　　　（5）D　　　（6）B

（7）A　　　（8）C　　　（9）D

第六课

细读部分

1. 根据课文内容选择正确答案：

（1）C　　　（2）D　　　（3）D　　　（4）A　　　（5）D

2. 根据课文内容判断正误：

    （1）✓   （2）×   （3）×   （4）✓   （5）✓

3. 根据课文内容填空：

    （1）78 岁   夹带着长沙口音   非常硬朗   快乐   她的冷暖

    （2）十几岁了   一手带大的   因此   宠爱

    （3）小妹   岳母的指示   眼馋   不太操心

快读部分

1. 根据课文内容选择正确答案：

    （1）D   （2）B   （3）A   （4）A   （5）B

补充阅读

    （1）✓   （2）×   （3）×   （4）×

第七课

细读部分

1. 根据课文内容选择正确答案：

    （1）A   （2）D   （3）B   （4）A   （5）A   （6）A

2. 选择对下列句子的正确理解：

    （1）A   （2）B   （3）B   （4）A   （5）C   （6）C

3. 选择恰当的词语填空：

    （1）B   （2）A   （3）C   （4）B   （5）A   （6）B

    （7）C

快读部分

1. 根据课文内容选择正确答案：

    （1）B   （2）D   （3）C   （4）B   （5）A   （6）B

    （7）A   （8）D

补充阅读

2. 根据课文内容判断正误：

    （1）×   （2）✓

第八课

细读部分

1. 根据课文内容选择正确答案：

    （1）B   （2）C   （3）D   （4）A

3. 选择恰当的词语填空：

    （1）B   （2）A C   （3）B   （4）A   （5）D

快读部分

1. 选择对下列句子的正确理解：

    （1）A   （2）C   （3）D   （4）C   （5）B

2. 根据课文内容判断正误：

(1) × (2) √ (3) × (4) × (5) × (6) √

(7) √

3. 词语填空：

(五)花(八)门 (鸟)语(花)香 (十)有八(九) 乱(七)(八)糟

(井)(井)有条 原封(不)(动) (一)尘(不)染 (了)(如)指掌

第九课

细读部分

2. 根据课文内容选择正确答案：

(1) D (2) B (3) B (4) A (5) A

快读部分

3. 根据下列每句话的意思说出合适的成语：

(1) 络绎不绝 (2) 应接不暇 (3) 情不自禁

(4) 和睦相处 (5) 如数家珍 (6) 一尘不染

补充阅读

根据课文内容判断正误：

(1) × (2) √ (3) × (4) √

第十课

细读部分

1. 根据课文内容选择正确答案：

(1) C (2) C (3) C (4) B (5) A (6) A

快读部分

1. 根据课文内容选择正确答案：

(1) B (2) D (3) B (4) A (5) B (6) C

(7) A

2. 选择恰当的词语填空：

(1) A (2) B (3) A (4) C (5) A (6) D

(7) C (8) C (9) A (10) B (11) D

补充阅读

根据课文内容判断正误：

(1) √ (2) × (3) √

第十一课

细读部分

1. 根据课文内容判断正误：
(1) ×　(2) √　(3) ×　(4) ×　(5) ×　(6) ×
(7) √　(8) √　(9) √

2. 选择恰当的词语填空：
(1) C　(2) B　(3) A　(4) A　(5) C　(6) D

3. 根据所给的意思，在课文中找出相应的词或词组：
缓慢　不知所措　黄金路线　购物天堂　老式　途经　狭窄

快读部分

1. 根据课文内容判断正误：
(1) ×　(2) ×　(3) ×　(4) ×　(5) ×　(6) √
(7) ×　(8) √

第十二课

细读部分

1. 根据课文内容选择正确答案：
(1) B　(2) D　(3) C　(4) C

3. 根据课文内容填空：
(1) 度过　就　(2) 趁　(3) 又　才　(4) 负担　(5) 比如
(6) 对于　难得　(7) 共鸣　(8) 随着　成为　(9) 适合　就是　(10) 而

补充阅读

根据课文内容判断正误
(1) ×　(2) √　(3) √　(4) √　(5) ×